Los Buenrostro y los Malacara

CONOZCA (Y SOLUCIONE) LAS DIEZ BRONCAS
MÁS FUERTES CON SU PAREJA

Los Buenrostro y los Malacara

CONOZCA (Y SOLUCIONE) LAS DIEZ BRONCAS MÁS FUERTES CON SU PAREJA

CARLOS ARRIAGA

Prólogo de Guadalupe Loaeza
Epílogo de Mariano Barragán

VERGARA

Barcelona • Bogotá • Buenos Aires • Caracas • Madrid • México D.F. • Montevideo • Quito • Santiago de Chile

Los Buenrostro y los Malacara
Conozca (y solucione) las diez broncas más fuertes con su pareja

Primera edición: junio de 2010

© D.R. Carlos Arriaga

© D.R. Ediciones B de México, S.A. de C.V., 2010
Bradley 52, Colonia Anzures. 11590, México, D.F.

www.edicionesb.com.mx

ISBN: 978-607-480-075-3

Para los que sonríen...
y para los que no

AGRADECIMIENTOS

A Rosina, compañera, amiga, amante y esposa,
por las infinitas vivencias, buenas y malas,
que hemos compartido y que me han hecho
ser más dueño de mi propio destino.

A Guadalupe Loaeza, amiga querida,
por su fundamental apoyo.

A Mariano Barragán,
por sus múltiples enseñanzas.

A Carlos Graef y todo su equipo de colaboradores,
por su profesionalismo y calidez humana.

ÍNDICE

PRÓLOGO

Guadalupe Loaeza

"La necesidad de ser amado es mucho mayor que la de amar", decía Sigmund Freud. ¿Será esta necesidad la misma en todos los seres humanos? Difícil respuesta. Sin embargo pienso que hay personas cuya capacidad para amar no necesariamente resulta igual que la de su pareja. Recuerdo un diálogo sostenido entre dos personajes de la novela *Contrapunto* (1928) de Aldous Huxley:

—No me quieres —le reclama ella a él.

—No es verdad, yo sí te quiero —le recuerda él a ella.

—Pero no lo suficiente. Tal vez tu problema radique en tu capacidad para amar. Es muy pequeña. Me temo que lo más que puedes querer sea un 60%, cuando en realidad yo necesito un 100%. Ya me cansé de tener que poner siempre ese 40 que falta para que sea un amor verdadero. Ya me harté de verme obligada a quererte, yo sí, con 100%. Tu corazón es mucho más pequeño que el mío.

He ahí dos necesidades completamente diferentes. No obstante, él no le mentía al decirle que la quería con toda su capacidad, con la misma con la que había venido al mundo. Ambos se amaban sinceramente, pero con una intensidad distinta.

En el *Diccionario de los sentimientos* (Anagrama), se lee que "la palabra *amor* procede de la raíz *amma–*, 'madre', de modo que etimológicamente el amor es maternal. También de aquí deriva amistad". Según los autores de esta espléndida obra, José Antonio Marina y Marisa López Penas, después de darle muchas vueltas al vocablo llegaron a la conclusión de que el amor "no es un sentimiento sino un deseo o sistema de deseos, acompañado, eso sí, por una corte sentimental", lo cual corresponde a lo que pensaba Lope de Vega. El autor de *Fuente Ovejuna* decía que el amor era "Mostrarse alegre, triste, humilde, altivo, / enojado, valiente, fugitivo, / satisfecho, ofendido, receloso". Para Francisco de Quevedo, "es hielo abrasador, es fuego helado / es herida que duele y no se siente, / es un soñado bien, un mal presente, / es un breve descanso muy cansado". Marcel Proust consideraba que el amor es una mala suerte. Rilke lo define como dos soledades compartidas. En los textos de *L'école d'amour*, el amor se describe como "un no sé qué" y al respecto se añade: "Y estas palabras, que no nos enseñan nada, nos enseñan todo lo que podemos saber del amor".

Los Buenrostro y los Malacara ejemplifican perfectamente sus respectivas necesidades de amar con fórmulas totalmente opuestas, unas positivas y otras negativas. En el espléndido libro de Carlos Arriaga, especialista en la condición humana de la posmodernidad, nos alerta, por medio de diez relatos diferentes, escritos con sencillez y claridad, acerca de temas esenciales para alimentar y salvar nuestra relación de pareja. En cada una de estas narraciones, el autor hace hincapié en los diez problemas fundamentales que enfrentan las parejas; pero me importa mucho uno de ellos, porque se trata de un sentimiento terrible y muy destructivo: *el enojo*. El enojo que, querramos o no, está presente de manera constante en nuestras vidas. No hay enojo que no eche a perder nuestros mejores momentos en pareja y en familia. Arriaga nos enseña, en primer lugar, cómo detectarlo, pero sobre todo, cómo erradicarlo para evitar que crezca de más en más, hasta que ya es imposible de combatir.

En esta obra descubrimos los diferentes conflictos que suelen darse entre los cónyuges, cómo enfrentarlos y la forma adecuada de resolverlos. El autor aborda con sensibilidad e inteligencia el tema del enamoramiento, pero también habla del aburrimiento, el cual aparece como la humedad, es decir, un poquito por aquí y otro por allá. El aburrimiento que surge por no saber lo que en realidad significa construir una relación íntima, llena de significado. Si Emma Bovary hubiera tenido la oportunidad de leer este libro, tal vez no hubiera tenido que divorciarse del doctor Bovary, pero, sobre todo, no se hubiera visto en la necesidad de tomar el arsénico para poder combatir su aburrimiento.

Dice Arriaga que el compromiso en la pareja es de lo más importante, y que, sin duda, resulta igualmente fundamental la amistad, para saberse acompañado en la vida. Con orgullo puedo decir que mi marido es mi mejor amigo, mi confidente y mi todo, y que, como en el poema de Benedetti, vamos codo a codo por la calle, precisamente gracias a nuestra amistad.

A través de las páginas de este libro tan sabio, descubriremos por qué se quejan tanto las parejas, qué tanto se reclaman y por qué se guardan entre sí tantos resentimientos. Ah, qué enojadas nos parece que están hoy en día tantas parejas. Y nos preguntamos, para lograr la armonía en nuestra relación amorosa, ¿qué tanto influirá la ingerencia de la familia del cónyuge? (Claro, no de la nuestra, la cual siempre parece oportuna y lo hace bien, sino de la del otro, que es menos simpática y se inmiscuye en todo, en todo.) ¿Qué tanto se requerirá de la comprensión como una meta esencial de cualquier persona, y en particular de las parejas, que muchas veces se sienten solas a pesar de que la cercanía física no puede ser más estrecha (los codos se tocan por las noches al estar acostados uno al lado del otro)?

Gracias a este libro comprendí que la vida en general, pero sobre todo la que se vive en pareja y en familia, nos presenta de continuo una serie de desafíos, los cuales tenemos que resolver si queremos estar en armonía con los demás en un clima de respeto y de crecimiento constante. Comprendí que debemos crecer y evolucionar como seres humanos para enfrentar nuestras vivencias exitosamente, ya que, de otra manera, las situaciones desagradables serán recurrentes, nos desgastaremos sin sentido y nos enfrentaremos a un laberinto sin salida que tan sólo nos agobie y nos pese.

Carlos nos invita a observar nuestras reacciones ante las problemáticas conyugal y familiar representadas por los Buenrostro en contraste con los Malacara, ya que de nosotros depende hallar un camino de crecimiento y reconciliación, o bien de enfrentamiento, agresión y revancha. ¿Acaso no es más sencillo ocultarse detrás del orgullo, nuestro mayor enemigo, para evitar resolver nuestros problemas de pareja?

Algo me dice que cada una de las historias que aquí aparecen es como un espejo en el que nos podemos mirar identificándonos con algunos de los personajes y con sus vivencias. Si efectivamente estamos abiertos a la autocrítica, gracias al contenido del libro nos daremos cuenta de nuestros aciertos, pero también de nuestros errores. De esta manera, nos sentiremos muchos más libres en un futuro en donde probablemente pasaremos por una situación similar, pero ya mucho más alertas, lo cual nos hará tomar decisiones más conscientes y maduras, a pesar de lo difícil que es llevarlas a cabo. Y estas soluciones nos darán la posibilidad de resolver y construir, en vez de destruir.

Nuestro desconocimiento tanto de la condición humana como de la situación en que se encuentra nuestra pareja nos vuelve como un velero que, dejado a su suerte en alta mar, está esperando vientos favorables que lo lleven al puerto anhelado. ¿Acaso esto no es una utopía, una fantasía imposible de alcanzar? Nunca como ahora, y después de haber leído este libro, estoy segura de que es necesario aprender a manejar las velas, a reconocer los vientos y a saber lidiar con los temporales, para que nuestra mano firme y amorosa sí pueda, en efecto, a través del compromiso y el esfuerzo constantes, hacernos alcanzar la meta anhelada de la armonía, el crecimiento y el bienestar conyugal y familiar.

No hay nada como hacernos dueños de nuestro propio destino. No hay como tomar las riendas de nuestras vidas en nuestras manos. Y no hay nada como darnos permiso para empezar a ser felices... ¡en pareja!

INTRODUCCIÓN

*P*arecería obvio esperar que en un mundo tan lleno de matices existiera una gama amplia de posibilidades; sin embargo, en nuestro andar cotidiano reaccionamos solamente de una manera *adecuada,* o de otra que *no lo es.* Así, en el ámbito familiar —con la pareja o con los hijos— nos conducimos de forma *apropiada* o *fallida.* De ello dependerá que tengamos buenos o malos ratos y que la dinámica que se genere propicie o no el desarrollo personal de los involucrados. De ahí el nombre del libro: *Los Buenrostro y los Malacara,* pues los primeros se esfuerzan por resolver su vida exitosamente, mientras que los segundos no lo hacen, se victimizan y justifican sus errores.

Resulta fundamental tomar conciencia de que nuestra vida es, de algún modo, una *constante prueba;* se nos demanda que respondamos ante los estímulos externos de una forma siempre acertada. No es fácil: se nos exige mucho, sin enseñarnos antes cómo hay que actuar. No se vale. No tenemos suficiente información y desconocemos partes esenciales de la condición humana y de las relaciones entre los individuos. Es una trampa social y cultural en la que, irremediablemente, todos caeremos.

¿Quién puede dudar de que ser cónyuge y padre de familia es difícil y que está salpicado de momentos y etapas de dolor y malestar? Todos los que han pasado o transitan por esta experiencia lo afirmarán convencidos. Pero piense usted, ¿quién conoce la forma de descifrar los aprendizajes que trae consigo cada lágrima? Quizás en este caso no sean tantos. ¿Cuántas veces hemos pasado por situaciones dolorosas que no nos han dejado más que heridas y resentimientos? Algo tenemos que hacer. Sin duda, requerimos dedicar tiempo ¡a la reflexión y al aprendizaje!

La convivencia familiar, por ser la relación humana más cercana e íntima y donde existen grandes cantidades de energía y compromiso, es la que nos presenta mayores posibilidades de conflicto, y también de sufrimiento estéril cuando desconocemos su dinámica y sentido. Este libro le ayudará a entender lo que ocurre en su interior y a desmenuzar sus mecanismos para tener buenas y efectivas herramientas que le permitan resolver con éxito los problemas que seguramente de continuo se le presentan.

A través de las diez historias que forman esta obra se tratarán diversos temas que tienen que ver con las problemáticas de pareja y familiar. Ahí encontrará situaciones que son recurrentes en nuestra vida y que nos producen mucho dolor y desgaste, debido a que no conocemos los recursos para atenderlas de la mejor manera.

Los temas son: conflictos, diferencias de personalidad, el paso de pareja a familia, el enojo, la rutina, el desenamoramiento, compañerismo y amistad, las quejas, lealtades a la familia de origen y la comprensión a través de la comunicación efectiva.

Al final de cada capítulo aparece un cuestionario que le servirá para que pueda conocer mejor su forma de actuar y conducirse —en el entendido de que todos tenemos tanto áreas luminosas como oscuras—, así como información para que adquiera esas *nuevas herramientas* que le permitan enfrentar y resolver adecuadamente sus dificultades conyugales y familiares.

Recuerde que *todos los seres humanos hemos tenido buenos y malos comportamientos*. De alguna manera hemos reaccionado mal como los Malacara y bien como los Buenrostro. Así nos ha ocurrido. Por eso es bueno que después de la lectura de cada historia hagamos una reflexión sobre lo que ha sido nuestra forma de conducirnos en el pasado, y para que logremos con ello observar nuestros momentos exitosos y los que fueron fallidos. El conocimiento de nosotros mismos ayudará siempre, y en mucho, a mejorar nuestras relaciones interpersonales.

Se propone que:

1. Analicen cada una de las oraciones de *"lo que hacen mal"* y *"lo que hacen bien"* que aparecen al final de cada caso.
2. Encuentren situaciones específicas en las que se hayan comportado de esa manera.
3. Lo compartan con su pareja.
4. Sean tiernos y amorosos para expresarse y escuchar, y no hablen del otro, tan sólo de sí mismos.

… y que tomen conciencia del
DUELO
DE VOCES INTERIORES
que todos elaboramos en nuestra mente,
para reaccionar de manera
CONSTRUCTIVA o DESTRUCTIVA.

Pregúntense:

¿Qué parte de mi persona gana en esos diálogos interiores que tengo conmigo mismo, en los cuales me doy argumentos para actuar en una forma sencilla y de aprendizaje, o en otras ocasiones con soberbia y con deseos de imposición?

Darse cuenta de esos diálogos, y de cómo operan para salir victoriosos, les puede ayudar a dar mejores respuestas ante las situaciones personales que tienen que enfrentar y resolver.

I. EL CONFLICTO
¿Por qué ha de ser como tú dices?

En toda relación cercana se presentan, necesariamente, conflictos de diversa índole. De la forma en que se intente resolverlos dependerá en gran parte el futuro de la pareja.

Miguel y Lourdes se conocieron en la universidad. Él estudiaba medicina y ella administración. Un día en que se había suspendido el servicio de transporte interno de las escuelas y facultades, tuvieron que ir caminando a la terminal de autobuses para poder dirigirse a sus casas. Miguel llevaba como siempre su bata blanca y corta que no dejaba duda acerca del área en la cual estudiaba. Ella, coqueta y agraciada, portaba unos *jeans* y una blusa blanca con el botón superior desabrochado, que la hacían lucir muy atractiva. Llevaba, además, una pañoleta roja al cuello que el viento cálido que soplaba movía desordenadamente, al compás de su cabello largo, negro y lacio. La escena no podía ser más romántica: él se le quedó viendo con insistencia y ambos sintieron una sensación agradable e intensa que los atrajo mutuamente. Miguel se acercó nervioso y le preguntó alguna cosa, algo así como "¿tú también tuviste que caminar, verdad?" Ella, viéndolo a los ojos, le respondió sin más. No acostumbraba hacerlo tan rápidamente cuando alguien pretendía abordarla, pero esta vez sí lo hizo. De esta manera empezaron a relacionarse.

No duraron mucho tiempo de amigos. Al mes de este encuentro fortuito ya habían establecido cierto compromiso y formalidad. Los semestres pasaron veloces y dos años después habían concluido sus carreras universitarias. La relación continuaba cada vez en mejores términos. Sus altos promedios escolares les facilitaron encontrar trabajo, en una época de creciente desempleo, y empezaron a tener buenos ingresos. Todo lo anterior los llevó a tomar la decisión de casarse. Lo hicieron por lo civil y por la iglesia. Miguel no deseaba la ceremonia religiosa, pero aceptó fácilmente ante la insistencia de Lourdes. Ella había estudiado desde pequeña en escuelas confesionales y sólo hasta su ingreso a la universidad había pisado una institución pública. Sus convicciones en ese sentido eran muy definidas y no las negociaba. Miguel, en cambio, era hijo de una pareja de seudointelectuales que llevaban un estilo de vida más flexible y relajado. Eran una familia organizada pero, si bien respetuosos, poco interesados en los asuntos religiosos. Tenían una ética muy particular, ya que su condición de profesores de lenguas les había permitido conocer gente con diferentes costumbres y de diversas culturas, y por ese motivo su pensamiento era abierto, con una visión realista del mundo, aunque un tanto escéptica.

Los problemas se presentaron después. Miguel deseaba hacer su residencia en la ciudad de Cuernavaca. Ansiaba ingresar a un reconocido hospital de aquella localidad para especializarse en problemas pulmonares. Por su parte, Lourdes trabajaba en una fábrica de alimentos enlatados y se encargaba del área de desarrollo de nuevos productos. Era competente y le iba bien. Incluso tenía un mejor sueldo que Miguel y, por supuesto, quería seguir trabajando en esa empresa. Tenía ahí un brillante porvenir y se sentía muy a gusto. La trataban con consideración y, aunque existían ciertos problemas con el personal, estaba contenta de trabajar en ese lugar. El dueño del negocio era padre de una de sus mejores amigas y le ofreció el empleo —por méritos propios, pues fue una estudiante brillante— recién se graduó de la universidad. Además, estaba por terminar su tesis profesional y esperaba titularse en el transcurso del año.

Cuando Miguel le comentó la posibilidad de irse a vivir a Cuernavaca, ella, sin dudarlo un momento, se negó. Le hizo ver todo lo que tendría que dejar en caso de aceptar. Él le explicó lo importante que era para su propio desarrollo el hecho de poder estudiar y practicar en ese centro hospitalario. Pero Lourdes no lo escuchó, dando por terminada la conversación y diciéndole que era un egoísta, pues sólo pensaba en él y se olvidaba de las necesidades de ella. Miguel se desilusionó; además se hallaba desconcertado pues en el fondo tuvo que reconocer después que era verdad que no le daba mayor importancia al futuro profesional de Lourdes. Durante largo tiempo se había argumentado a sí mismo que ella ciertamente no tendría mucho interés en su desarrollo laboral. Suponía que desearía atender en un futuro cada vez más próximo las necesidades de una familia con hijos, a pesar de que los ingresos que estaba generando eran superiores a los de él. Pensaba que su actual compromiso en el trabajo era una situación transitoria que a mediano plazo debería cambiar. No había considerado la posibilidad de que ella valorara a ese grado su carrera y daba por hecho que aceptaría el traslado, sobre todo porque tenía muy claro que, en caso de que decidieran mudarse, podrían visitar a los papás de Lourdes con frecuencia, dada la cercanía de la ciudad de México con Cuernavaca. Había creído, muy erróneamente, que éste sería el obstáculo fundamental para que aceptara cambiar de residencia.

Este incidente fue el primero que realmente los confrontó. Con anterioridad habían tenido pequeñas discrepancias y discusiones que no afectaron la relación, al contrario, parecía que la vivificaban al producirles una nueva energía que cambiaba la rutina, a veces dulzona, de todos los días.

Miguel cedió. Después de algunas discusiones y no pocos malos momentos, prefirió posponer sus planes y no poner en peligro su relación. Se quedarían en la gran ciudad. Buscaría otro hospital que también le brindara lo que deseaba y donde pudiera completar sus anhelos. Ella, por su parte, tranquila y satisfecha, continuaría trabajando en ese espacio que tanto le gustaba.

A ojos de algunos, parecía que Lourdes ganaba esta partida, sentando un mal precedente para futuras discrepancias. Sin embargo, otras opiniones dirían que no, que lo que sucedió fue que *el conflicto* permitió a Miguel darse cuenta de las necesidades reales de su esposa para poder valorarlas y respetarlas en consecuencia. De hecho, pasada la gran frustración que sintió cuando finalmente descartó la idea de continuar su preparación profesional en esa clínica especializada, él mismo lo consideró así. Pudo apreciar mejor a su esposa y cayó en la cuenta, quizá de fondo por primera vez, que tenía como compañera a un ser humano mucho más complejo y valioso de lo que pensaba, lleno de muy diversos tipos de necesidades e ilusiones. Y notaba que ardía en su interior una intensa pasión por satisfacerlas.

Así transcurrió un buen tiempo, el suficiente para que Miguel terminara sus estudios de especialidad y Lourdes recibiera su título de licenciada en administración de empresas. Ambos, en su momento, fueron muy felicitados, porque los dos eran realmente gente comprometida y hábil en sus respectivas áreas.

Su matrimonio se mantenía estable y tenían la certeza de que todo marchaba bien, pues se sentían dichosos y satisfechos. Iban al cine o al teatro, a veces a cenar, y en ocasiones pasaban fines de semana en lugares cercanos, todo lo cual era del agrado de ambos. A Lourdes le gustaba mucho el arte colonial y con relativa frecuencia visitaban templos y museos. Apreciaban las artesanías mexicanas y cada vez que salían de viaje compraban alguna pieza para decorar su hogar. Miguel en especial buscaba objetos de latón y cuando tenía oportunidad se allegaba alguno para continuar su colección, pues eso parecía, ya que tenía acumuladas más piezas de las que discretamente podía exhibir. Por otro lado, la actividad social que compartían, si bien no muy intensa, era satisfactoria, pues tenían buenos amigos y de manera regular se reunían con ellos.

La vida en estas condiciones transcurría alegre y con pocas preocupaciones. De vez en cuando alguna enfermedad, un mal rato en el trabajo, pequeños disgustos y fricciones ligeras. Nada más. Además, como buenos y cumplidos practicantes, habían aprendido a "darse sus tiempos", como decían ellos, y cuando alguno estaba enojado o deseaba pleito, el otro esperaba a que su enfado pasara. Reconocían que el disgusto y el malestar tenían una cierta duración y que lo mejor era no engancharse en el momento, ya que la confrontación sólo produciría dos tristes y frustrados perdedores. Dejaban que el reloj interno del afectado diera la campanada de retorno a la normalidad, y entonces sí, más serenos, buscaban resolver sus diferencias. En general lograban mantenerse en este esquema de respuesta, excepto cuando uno de ellos se sentía lastimado o humillado de manera particular, en cuyo caso se defendía de inmediato y contraatacaba, con las consecuencias predecibles. O bien algunas veces coincidía que sus estados de ánimo se hallaban irritables, por lo que su emotividad descontrolada los presionaba para que abandonaran su elaborada técnica y se pelearan absurdamente.

El esfuerzo y compromiso de ambos hacía que su relación caminara con firmeza, a pesar de las ocasionales treguas para la entrega amorosa y los escasos disgustos que parecían entorpecer su andar.

Sólo eso que ocurrió después, algunos meses más tarde, realmente los cimbró y los llevó a pensar que quizá su elección de pareja había sido desafortunada y consideraron, por primera vez, la posibilidad de separarse.

Antes de conocer a Miguel, Lourdes tuvo un novio con el que duró poco tiempo. Estaba terminando la preparatoria y se enamoró ardientemente de él. Lo veía a todas horas y perdió, por primera vez, tanto su control personal como su condición de infalible alumna brillante. Su estructura interna de continua represión y cumplimiento —propiciada por el rígido ambiente en el que creció— empezó a convivir de manera desordenada con sus necesidades de expresión como mujer. Dio inicio a su vida sexual y en algún momento temió haber quedado embarazada. En la escuela bajó sus buenas calificaciones y aunque sus resultados académicos continuaban siendo satisfactorios, había acostumbrado a tal grado a los demás a que su trabajo fuera notable, que todos se extrañaron. Tanto en su casa como en la escuela se sorprendían de que fuera ahora una estudiante más, igual a las demás. Fue tan notoria esta situación que recibió muchas presiones; de sus padres en primer lugar, que no cejaban de recriminarle su nuevo proceder, pero también de profesores y directivos de la institución en la que se hallaba estudiando. Nadie se percató de lo que realmente sucedía ni tuvo el cuidado y la delicadeza de acercarse a ella para escucharla, comprenderla y apoyarla. Parecía que nada más deseaban que Lourdes cumpliera con las expectativas que ellos —y no ella— habían generado sobre su propia vida.

Finalmente, todo concluyó cuando el muchacho se fue a vivir con sus papás a la ciudad de Mérida y el noviazgo se extinguió tan rápidamente como se había formado. Él no dio grandes muestras de mortificación y le pidió que aceptaran sin mayores aspavientos esa aparente "mala jugada del destino". Lourdes, dolida y triste, sufrió con furia durante algunos meses, pero después recobró la calma y su vida volvió a la normalidad. El haberse recuperado, después de ser lastimada de esa manera, le dio fortaleza. La experiencia la hizo madurar y la convirtió en una persona más tolerante y humana. El torbellino había terminado y recobró su vapuleada paz interior. En un desenlace esperado, guardó, sabiamente, un grato recuerdo de lo que pasó y continuó estudiando.

El episodio parecía realmente olvidado hasta el día en que al asistir a una convención en Guadalajara se lo encontró. Él formaba parte del comité organizador del evento, y en una de las sesiones se topó con ella. Su ex novio se veía ahora muy formal, tanto que no parecía que fuera el mismo del que se había enamorado con tanta pasión. La invitó a cenar y ella aceptó. Pasaron un rato agradable, como dos buenos amigos. Lourdes constató que no existían resentimientos y que, de alguna manera, el lance de aquel entonces permitía mucho de su actual bienestar. Confirmó que le había ayudado a convertirse en un mejor ser humano. Sin embargo, comentó algo que, si bien intrascendente, trajo serias consecuencias posteriores. Le habló de lo exitoso de su vida profesional y de los buenos términos en que se conducía su matrimonio. Añadió que deseaba convertirse en madre y que ya había acordado con Miguel que, en un par de meses más, buscarían encargar bebé. Él se sorprendió de que quisiera truncar así sus actividades laborales, siendo tan joven y con tan amplio porvenir, por lo que le sugirió que lo pensara detenidamente. Ella quiso responder diciéndole que continuaría trabajando, pero él, sin escucharla, le señaló que al estar tan divididos sus intereses, necesariamente bajaría la calidad de su desempeño. Le insistió en que revisara su decisión, pues él creía que tenía incluso un mejor futuro profesional que Miguel. Su diferencia de sueldos respaldaba lo que decía. En fin, ella sabría, pero quería dejar claro que sólo le deseaba lo mejor…

Lourdes se incomodó, pero lo dejó pasar y no quiso ponerse a discutir. Optó por continuar disfrutando esa tan agradable velada, llenándola solamente de las buenas remembranzas y olvidada de los malos ratos. Empero, la inquietud ya estaba sembrada.

Esa noche, a solas en su habitación, mientras se desvestía, se observó con fijeza en el espejo. Se apreció bella y seductora. Terminó de quitarse la ropa y contempló con vanidad su cuerpo joven y bien formado. Se colocó de perfil y clavó la mirada en su vientre plano y sedoso. No le agradó la idea de verlo "deformado" por un próximo embarazo. Se inquietó y se metió en las sábanas. Esa noche no pudo dormir bien. Su mente no podía dejar de darle vueltas al asunto de convertirse en mamá. Cuando recordaba a Miguel percibía cierto enojo, y mejor llevaba su mente a efectuar otro tipo de evocaciones.

A la mañana siguiente Lourdes cambió de parecer. Concluyó que lo más adecuado era esperar para embarazarse. Un año o quizá dos. Total, eran muy jóvenes y de esa manera podrían estabilizarse económica y profesionalmente, y tendrían además oportunidades de viajar, hacer cosas o comprar ropa u objetos y muebles para la casa.

En el vuelo de regreso, Lourdes sintió cierto nerviosismo, pues se acercaba el momento de hablar con Miguel acerca de su nueva determinación. Hacía esfuerzos por darse ánimos y lo consiguió pensando que el futuro tenían que construirlo entre los dos y que su cónyuge se había mostrado accesible y conciliador, aunque, por otro lado, ella recordaba bien el intenso deseo que tenía de convertirse en padre.

Miguel acudió a recibirla al aeropuerto. La escena mostró a una joven pareja enamorada, no sólo entre ellos, sino también de la vida.

Esa noche, después de desempacar y mientras terminaban de cenar, Lourdes habló con Miguel. Le dijo que, a raíz de la conversación con su ex novio, se puso a reconsiderar la decisión de tener bebé a tan corto plazo y que prefería que se esperaran cuando menos otro año.

—¿A tan corto plazo? Pero si llevamos casi cuatro años de casados. ¿Sólo porque te encontraste con esa persona que tanto dañó tu vida cambias el acuerdo que teníamos? No lo puedo creer —terminó diciendo un Miguel cada vez más celoso y encolerizado.

Ella reaccionó de inmediato y lo ofendió:

—Lo que pasa es que eres un engreído y poco hombre. Todo te molesta. No sabes ponerte a razonar como la gente adulta. Tarado.

La confrontación, convertida en vulgar pleito, continuó unos minutos. Terribles minutos que cimbraron las estructuras más sólidas de la pareja. Cansados de lastimarse, los dos callaron. La recriminación rebasó todos los límites y parecía que la ira contenida de tiempo atrás, ahora brotaba sin control. Una fuerza superior a ellos los arrebataba y no les permitía buscar la reconciliación. El orgullo hizo su aparición y amenazó con no abandonarlos.

Transcurrieron los dos meses que habían acordado para buscar la paternidad. Ninguno de los dos la deseaba ya en ese momento. Sentían mutua decepción y en sus cavilaciones individuales culpaban al otro de su intolerancia y desamor. No sabían qué hacer y se encontraban terriblemente desorientados. De la reacción que tuvieran en los siguientes días dependería mucho su porvenir. Habían hablado ya de divorcio. ¿Cómo buscarían resolver el conflicto?

¿QUÉ PASARÍA SI MIGUEL Y LOURDES FUERAN LOS MALACARA?

∾

"Todo sucedió tan de repente. La relación funcionaba bien y, de un momento a otro, todo se perdió." Así reflexionaba constantemente *Miguel Malacara*. No se explicaba lo que había ocurrido. Se sentía indefenso y desamparado. En el hospital sus compañeros notaban su nerviosismo e irritabilidad. Ya no era el mismo de antes. Ahora los rehuía y evitaba conversar con ellos. Únicamente con sus pacientes hacía lo posible por mostrarse cordial y amable.

Sufría por haberse equivocado. A él, tan inteligente y capaz, se le había escapado el poder conocer a fondo a su propia esposa. Pero así eran las cosas, y había que tomar una determinación. Era mejor cortar un mal a tiempo y no permitir que avanzara y lo dañara aún más. Si ahora, que apenas llevaban unos cuantos años de casados, tenían esos problemas, ¿qué pasaría después? No lo sabía y no quería averiguarlo. Lourdes ya lo había lastimado mucho y no esperaba seguir a su lado para que continuara haciéndolo. Estaba decidido. Se divorciaría lo antes posible. Sabía que a sus papás no les gustaría la decisión, pero siempre habían sido abiertos y comprensivos. Hablaría con ellos para prevenirlos, pues aunque conocían gran parte de sus problemas, quizás no se imaginaban la gravedad del caso. Ya después vería a Lourdes y trataría de llegar a un último acuerdo con ella, que aceptara un divorcio voluntario. Estaba muy lastimado por saber que la persona que pensó que sería su compañera el resto de su vida le diera más importancia a la opinión de un ex novio que a él mismo, y que rompiera sus acuerdos y compromisos con esa superficialidad y rapidez.

Lourdes Malacara no lo pensó mucho. Era una mujer de decisiones rápidas y firmes. Aceptó la propuesta de Miguel y procedieron a realizar los trámites legales. No estaba dispuesta a seguir con un diálogo de sordos donde siempre se sentía incomprendida. Qué caso tenía seguir en una relación en la cual sus decisiones y sus puntos de vista eran considerados inadecuados o bien eran motivo de recriminaciones absurdas y tontas.

Cuando habló con sus papás, primero no le creyeron y después pusieron el grito en el cielo. Intentaron convencerla de que se diera tiempo para evaluar una determinación tan importante en su vida. Le decían que no se precipitara, que los problemas eran para resolverse, no para evadirlos. Ella los miraba con aire de autosuficiencia y no les hizo el menor caso. Los dos se sintieron muy afectados porque lo que menos esperaban era tener una hija divorciada, sobre todo siendo tan joven, inteligente y exitosa. Al menos, le dijeron finalmente —cuando vieron que sus argumentos eran despreciados—, no tuvieron hijos que sufrieran las consecuencias…

Lo que hacen mal

✍ Él

- Deja que el disgusto se apodere de él, y en lugar de resolver su situación o al menos intentarlo, lleva su malestar al ámbito laboral, aislándose de sus compañeros.

- Se descorazona con facilidad y exagera su problema al pensar que todo está perdido, porque su expectativa de tener un hijo aparentemente no se cumplirá en los plazos que él desea.

- Busca la ruptura abrupta de su relación conyugal ante su frustración de no poder convertirse en padre a corto plazo, y al pensar que ha sido desplazado por la presencia del ex novio de Lourdes.

✍ Ella

- Se comporta de manera impulsiva y, ante su orgullo herido, decide no luchar por preservar su matrimonio.

- Generaliza su malestar por no haber sido escuchada en su decisión de posponer su embarazo y da por hecho que siempre ha sido igual.

- No ve sus propios errores, ya que fue ella quien rompió el acuerdo que había hecho con Miguel respecto a tener un bebé. Además, lo hace de manera determinante, sin dar opción al diálogo entre ellos.

- Desprecia la opinión de sus papás, descalificando sus puntos de vista, pues considera que los suyos son los únicos válidos.

🐍 Ambos

- Culpan al cónyuge de lo que ocurre. Son incapaces de aceptar su propia responsabilidad.
- Están demasiado centrados en sí mismos y no se ponen en el lugar del otro para tratar de entenderlo.
- Suponen una intencionalidad destructiva en los errores que puede cometer su pareja.
- Deducen que "obra en su contra", sólo por no estar de acuerdo en lo que cada cual piensa.
- El orgullo les impide acercarse para intentar resolver sus problemas.
- Rompen la comunicación: no muestran ningún deseo de hablar del tema para encontrar una solución.
- Incuban una desesperanza completamente irracional pensando que no hay nada que pueda hacerse. Al reaccionar de esa forma, caen en el fatalismo.
- Evaden el conflicto al optar por romper el vínculo matrimonial, en lugar de encararlo para encontrarle solución.
- Como no aceptan sus propios errores, finalmente no aprenden nada de una experiencia tan dolorosa.

¿Y SI FUERAN LOS BUENROSTRO?

Había bajado de peso. La ropa le quedaba holgada. *Lourdes Buenrostro* se veía delgada y demacrada. Su rostro lucía desmejorado. No tenía su lozanía habitual. Sabía que algo falló, pero no lograba todavía descifrar qué era. Su ánimo decayó notablemente. Desde que Miguel habló de la conveniencia de separarse, se hallaba pensativa y taciturna. Reconocía que había cometido algunos errores, pero también estaba segura de que había tenido muchos aciertos. El dolor que le producía la inminente ruptura con Miguel la había hecho más humilde y parecía que veía la vida con mayor realismo. Las ilusiones juveniles quedaban poco a poco atrás y daban paso a una nueva visión de su acontecer, más tangible y, a veces, más dolorosa. No coincidía con Miguel en que había que optar por romper el vínculo que los unía, como si nada de lo bueno de su relación permaneciera y sólo quedaran los malos momentos. Es cierto que llegaron a excesos que dificultaban el reencuentro, pero estaba segura de que había que trabajar para lograrlo. Se había resistido a dar el primer paso porque su orgullo —al que ella hasta entonces llamaba dignidad— se lo impedía. Sin embargo, las lágrimas derramadas la convencieron de la inutilidad de darse tanta importancia, sobre todo a costa de destruir su propio futuro. Pediría una tregua con Miguel y buscaría encontrar un punto de contacto con él. Estaban todavía de su lado el amor que aún le tenía y el compromiso que había asumido cuando formalizó su relación con él, y no podía dejar que los problemas no resueltos le cambiaran la vida para siempre.

Para *Miguel Buenrostro* fue difícil, de inicio, aceptar lo que le decía Lourdes. Después de haber tomado una decisión tan drástica como la de separarse, le costaba trabajo intentar una reconciliación. Estaba muy herido en su orgullo de esposo. Pero cuando la vio acercarse en paz y ya no agresiva, no pudo menos que escucharla y esforzarse por entender lo que les había ocurrido, para intentar así llegar a un arreglo. Al ver su disposición, él no pudo menos que hacer lo mismo. La quería mucho y no deseaba perderla. De pronto recordó los buenos momentos pasados con ella y cayó en la cuenta de lo infantil y precipitado de su proceder. Conmovido, aunque temeroso, lentamente buscó acercarse a ella para comprender el ingrato proceder de ambos. Con el ánimo renovado, sintió la necesidad de reconstruir todo aquello que, por diversas razones de uno y otro, habían deteriorado tanto.

Él sabía que la vida les daría otra oportunidad si los dos juntos se la pedían y además realizaban el trabajo de recomponer y aprender de sus experiencias dolorosas.

LO QUE HACEN BIEN

ಳ Ella

- El dolor que le provoca un posible rompimiento con Miguel la hace más sensible y realista; de alguna manera, más madura.
- Al llorar se da cuenta de lo absurdo de anteponer su orgullo a su propio bienestar.
- Reconoce el amor que tiene por Miguel y el compromiso de su relación, por lo que no está dispuesta a dejarse vencer por dificultades que no han sabido enfrentar y resolver.

ಳ Él

- Se permite entrar en contacto con el lado tierno de su personalidad al ver a Lourdes pacífica.
- Acepta que la quiere mucho y no desea perderla.
- Se da cuenta de los aspectos positivos de su relación, por lo que puede apreciarla con mayor objetividad.
- Toma conciencia de lo precipitado e insensato de su decisión de romper su matrimonio.

- Reconoce que requieren trabajar Lourdes y él juntos para lograr resolver de buena manera sus diferencias, aprendiendo del dolor por el que han pasado.

❧ Ambos

- Aceptan tener responsabilidad en el problema que los aqueja.
- Ven por sí mismos, pero también por su relación.
- Descubren que aunque los dos han cometido errores y se han lastimado, también ha habido muchos aciertos en su relación y han pasado muy buenos momentos.
- Pasan sobre su orgullo para poder acercarse al otro.
- Restablecen la comunicación: ella, al manifestar su sincero deseo de reconciliación; él, al escuchar el planteamiento.
- Abrigan esperanza de poder reconstruir su relación a partir de una nueva actitud que los involucre a ambos.
- Enfrentan el conflicto desde una posición realista. Reconocen que tienen que trabajar para resolver su situación.
- Aprovechan el dolor producido por la experiencia vivida para crecer individualmente y como pareja.

EL CONFLICTO

Podemos definir el conflicto como un antagonismo o una oposición de intereses. Es decir, uno quiere una cosa, el otro desea una diferente.

✤ ¿Qué lo provoca?

Las diferencias entre los individuos. Todos pensamos, sentimos y vemos la vida de manera distinta. Nuestra forma de ser (temperamento, carácter, actitud), la educación que recibimos y nuestra historia personal nos hacen únicos.

✤ Entonces, ¿los conflictos son inevitables?

Sí. No es posible que exista ninguna relación cercana en la que no se presenten conflictos. Lo que puede suceder es que se niegue su existencia (por ejemplo, cuando una de las partes no expone su punto de vista y cede todo el tiempo ante las opiniones o requerimientos del otro) o que, de hecho, la relación no sea cercana (como cuando los cónyuges no se toman en cuenta entre sí).

✤ Pero... pareciera que en las parejas o familias armónicas no existieran conflictos, ¿no es así?

En todas las parejas y familias se presentan conflictos, aunque no los veamos. Las diferentes formas de ser de los distintos miembros del núcleo familiar necesariamente los generan. Algunas aprenden de ellos y se fortalecen, otras, en cambio, sólo se pelean y deterioran su relación.

Además, no es posible conocer la verdadera dinámica interna de una pareja o familia, pues la imagen social que proyectan es una cosa y lo que ocurre realmente puede ser otra muy distinta.

✤ Entonces, ¿no es lo mismo un conflicto que un pleito?

Por supuesto que no. Los pleitos son formas inadecuadas de intentar resolver un conflicto.

♣ ¿Y las discusiones?

Cuando los participantes se escuchan y están dispuestos a exponer sus puntos de vista sin lastimar a los demás, las discusiones son siempre productivas. Son auténticos diálogos para lograr un mejor y mutuo entendimiento. De otra manera, son tan sólo intercambios verbales agresivos entre gente sorda, que se convertirán rápidamente en batallas personales, provocando dolor, enojo, incomprensión y sentimiento de soledad.

♣ ¿El conflicto es siempre desagradable?

Sí. Cada vez que nuestro ego escucha, observa o tiene que lidiar con algo que lo confronta percibe una sensación de desagrado, aumentada por la creencia (errónea, pero casi siempre presente) de que él es el único que tiene la razón y, por supuesto, no los otros.

♣ Si el conflicto es desagradable, ¿cómo se puede aprender de ellos?

Superando el impulso inicial de rechazarlo porque no nos gusta. Logrado esto, es aceptar que lo tenemos y que algo debemos aprender para poder superarlo. El punto de vista del otro debe enriquecer el mío.

♣ ¿Cómo es eso posible, si muchas veces la postura de uno pareciera incompatible con la del otro?

Efectivamente, así se percibe. Por eso lo importante es lograr desentrañar *la esencia* del planteamiento opuesto: ¿qué es *en el fondo* lo que el otro me quiere decir?, y no dejarnos arrebatar tan sólo por lo circunstancial de lo que está pasando, perdiéndonos en enfrentamientos desgastantes y, muchas veces, estériles.

Por ejemplo, nuestro hijo está castigado por haber sacado malas notas en el colegio y decidimos, mi cónyuge y yo, que no vaya a fiestas durante un mes. Pero resulta que, antes de que transcurra ese tiempo, lo invitan a festejar los quince años de una de sus primas y nos pide permiso para ir. Quizá surja un conflicto derivado de que uno de nosotros dos diga *que sí vaya* (que se trata de algo excepcional) y el otro *que no* (porque es importante que las sanciones se cumplan tal y como se establecieron). Por supuesto es imposible complacer a las dos partes. Los puntos de vista son incompatibles, o va o no va. El conflicto está instalado.

Sin embargo, lo fundamental no es *si va o no* a la fiesta, sino *cómo* llegamos mi cónyuge y yo a tomar esa decisión.

Eso será siempre *lo importante* en la resolución de los conflictos: *la manera en que intentamos resolverlos*, no lo que se resolvió.

Si cualquiera de los dos se impone, el otro quedará resentido y buscará después cobrarse la afrenta. Por eso lo importante es aprender a *descifrar la esencia del punto de vista del otro*, que en este ejemplo específico en el primer caso es *la flexibilidad*, y en el segundo, *la firmeza*.

Si no se escuchan y únicamente pelean, uno se volverá cada vez más laxo y permisivo, y el otro más rígido e intransigente (es decir, endurecerán sus posiciones). En cambio, si saben sumar y logran incorporar en su visión de la realidad la de su cónyuge, podrán llegar a un buen acuerdo, los dos estarán contentos y podrán educar a sus hijos con mejores resultados (aprendiendo y creciendo ambos para poder evolucionar como personas).

En este caso en particular, uno de ellos tendrá que ir aprendiendo a mantenerse firme en sus decisiones y el otro a ser flexible. Lo que acuerden respecto a la fiesta pasa a un lugar secundario, una vez que los dos se han comprendido uno al otro y le saben exponer a su hijo de manera conjunta la decisión tomada.

Conclusión

Confundimos los conflictos con las confrontaciones, las peleas, las malas discusiones o los pleitos y, por supuesto, generalmente nos producen una franca animadversión, porque no sabemos enfrentarlos, resolverlos y aprender de ellos.

Los conflictos *son* desagradables, pero son la fuente de aprendizaje y crecimiento de la pareja (y de la familia). Además, le dan vida y energía a la relación, ya que mantienen a los cónyuges interesados uno en el otro para poder ir resolviendo sus diferencias.

Evadir el conflicto es una de las peores estrategias que puede usted seguir si quiere conservar viva su relación. Una pareja que no los enfrenta y toma una actitud disimulada le quita sentido a la relación, con el tiempo cae en el aburrimiento, puede albergar enojos profundos encubiertos, y es muy probable que termine separándose, ya sea de facto o de manera formal.

Debemos recordar que lo importante en la resolución de los conflictos es la *forma* en que intentamos resolverlos, más que lo que finalmente se haya acordado. No es lo que te digo, sino *cómo te lo digo*, lo que tendrá mayor significado.

ANÍMENSE A CONTESTAR

1 ¿Qué ha representado para ustedes el conflicto en el transcurso de su vida (con sus papás, sus hermanos, entre ustedes, con sus hijos)? ¿Qué piensan de él?

2 ¿Recuerdan algunos casos importantes y significativos que hayan enfrentado? ¿Cómo intentaron resolverlos? ¿Se lastimaron? ¿Se pelearon? ¿Obtuvieron buenos resultados? ¿De qué dependió?

3 ¿Y los que han evadido? ¿Pasado el tiempo qué ocurrió con ellos?

4 ¿Cuál ha sido su sentir cuando saben que tienen que enfrentar algún conflicto?

5 ¿Han notado alguna vez que la resolución adecuada de un conflicto les ha dejado un aprendizaje? Traten de recordar.

6 ¿Piensan que es posible mejorar la interacción de las relaciones conyugales y familiares sin tener que esforzarse o pasar por situaciones difíciles?

7 ¿Han aprendido algo de su cónyuge o de sus hijos cuando se han presentado dificultades o problemas? ¿Pueden poner ejemplos?

8 ¿Creen realmente que su visión de la realidad pueda enriquecerse con el punto de vista del otro? ¿Tienen presentes ejemplos concretos que hayan vivido?

9 ¿Han sido cuidadosos de la forma en que han buscado resolver sus conflictos?

10 ¿Son capaces de aceptar que lo que es fundamental es no lastimarse uno al otro?

Coméntenlo ampliamente entre ustedes.

Dense tiempo para poner atención a lo que dice su cónyuge. No busquen tener la razón; simplemente... escúchense.

2. PERSONALIDADES DIFERENTES
Ya estoy harto de tus imposiciones

Las actitudes de introversión y su opuesto —la extroversión— es un ejemplo de algunas de las diferentes formas que tenemos las personas de relacionarnos con el mundo. Son una preferencia. Nacemos con ella. La energía la renovamos estando solos o bien en compañía de otros.

Es común que los cónyuges tengan diferencias en este sentido, es decir, que uno de ellos sea introvertido y el otro extrovertido, lo que, sin duda, les ocasionará constantes conflictos.

En un mundo que considera lo extrovertido como lo deseable y sano, y la introversión como algo negativo, el conocimiento y la aceptación que tengan de sus propias características ayudará a los cónyuges a entenderse mejor, crecer y salir adelante.

*D*esde pequeña, en Martha era muy clara la predilección que tenía de la forma en que deseaba vivir su realidad. El mundo consistía en interactuar con él, con la gente que conocía, y compartir con todos ellos la mayor cantidad de momentos posibles. Difícilmente podía permanecer a solas. Le gustaba estar con los demás, ir a fiestas, visitar a los amigos, salir a jugar. Era la última en querer irse de las reuniones, la última en regresar a casa, la primera en alistarse para salir a pasear. Además, era bulliciosa y participativa. Con todo el mundo tenía que ver y a todos saludaba. Su simpatía y desparpajo provocaban generalmente el afecto de la gente. La mayoría la quería y sólo los que tenían envidia o se sentían invadidos o lastimados por su forma de ser eran los que no la aceptaban y la censuraban con rigor.

Con Diego ocurrió de manera muy diferente, casi exactamente lo contrario. No es que no fuera amigable y simpático, sino que su carácter era reservado y parco. No hablaba mucho, era un individuo de pocas palabras. Desde niño su forma de ser se pudo observar también con mucha facilidad. En los recreos de la escuela le gustaba jugar tan sólo con pocos amigos, con los que sentía mayor confianza. Le molestaban el bullicio y los grupos grandes. Lo inquietaban y no disfrutaba estar ahí. Se sentía incómodo. Con frecuencia sus papás y sus profesores, insistentes —pensando que le procuraban un bien—, buscaban llevarlo a múltiples reuniones, o lo presionaban para que interactuara con más niños; él, condescendiente, intentaba complacerlos, únicamente para que, después, continuara con sus propias rutinas, las que sí le agradaban y satisfacían, y con las que se sentía muy a gusto.

Diego y Martha fueron creciendo y sus caminos aún continuaban paralelos. Cuando llegaron a las etapas de la adolescencia y juventud manifestaban las mismas características de introversión y extroversión que presentaron en la infancia, aunque, de alguna manera, matizadas y algo escondidas. La vida, los convencionalismos sociales y, sobre todo, la madurez adquirida les fueron puliendo lo radical de su carácter temprano.

Ella era ahora un poco menos exagerada. Le gustaba la gente y estar fuera de casa, pero no caía ya en el extremo de ser inquieta. Se le veía más apacible y capaz de quedarse, en ocasiones, sola en su casa leyendo un libro o haciendo tranquilamente una tarea escolar. Diego había transitado por un proceso similar de equilibrio. Aunque seguía pasando solo muchos momentos, leía bastante y amaba la meditación y la reflexión, ahora se daba tiempo para compartir con más frecuencia con sus amigos. Se reunían para ir al cine y a algún café, donde discutían las películas que veían y los libros que habían leído, o se entretenían dando sus puntos de vista sobre los aconteceres nacionales y mundiales que más interés e inquietud les generaban. Jóvenes y presuntuosos, se creían los dueños del conocimiento humano y se sentían, en este aspecto, muy seguros. Sin embargo, si una atractiva muchacha, por alguna razón, se dirigía a ellos, les cambiaba el esquema. Las piernas les flaqueaban, el pulso les aumentaba y un sudor frío corría por sus manos. En estas situaciones, su imagen de sapiencia y fortaleza se derrumbaba estrepitosamente y los colocaba en su justa dimensión humana.

Cuando, tiempo después, el azar quiso que Diego y Martha se conocieran, ambos se hallaban interiormente bien dispuestos para entablar una relación más formal. No lo percibían de manera muy consciente, pero algo en su interior clamaba por que así fuera.

El casual encuentro se dio en un día de campo que tenía buen pronóstico. Esa mañana, el sol, prometedor, se dejó ver desde temprano sin ningún rubor y con tal fuerza que ninguna nube osaba asomarse para opacarlo. Iluminaba a un límpido e intenso cielo azul que, por su colorido y belleza, dejaría en las peores de las vergüenzas a cualquier otro con el que se le comparara, sobre todo si fuera alguno de esas grandes y contaminadas ciudades.

Diego, a diferencia de Martha, no pensaba asistir, pues se iniciaba el festival cinematográfico de la cultura popular al cual era afecto, pero la intervención de uno de sus mejores amigos, que lo alentó a modificar sus habituales planes, lo hizo cambiar de opinión.

La jornada transcurrió agradable. Los jóvenes que se encontraban ahí reunidos fueron convocados por una organización que buscaba reclutarlos para proteger la fauna silvestre de los bosques y las selvas del país. Se organizaron juegos y se dio información a través de pláticas y literatura alusiva. A la hora de la comida se montó una gran mesa donde empezaron a departir con gran entusiasmo y camaradería. Sin embargo, antes de llegar a los postres, unos nubarrones reprimidos, celosos y tristes por no haber sido invitados, hicieron su aparición, empezaron a crujir, se pusieron negros del lamentable coraje y en unos cuantos minutos soltaron su furia y melancolía contenidas. El agua corría por todas partes y la prisa por levantar todo y retirarse provocó que, en su precipitación, Martha se cayera, se raspara un codo y golpeara una de sus rodillas. Diego, que se encontraba a unos cuantos pasos, se acercó y la levantó del suelo. Estaba empapada y enlodada. Diego la sostuvo con fuerza y, en tanto que la ayudaba, la vio firmemente a los ojos. Se quedaron cautivados. Sus miradas se atraparon por unos instantes y los delataron. Ella lo percibió y se ruborizó un poco, casi de forma imperceptible. Él se llenó de energía y se sintió feliz. Se dirigieron a un lugar protegido de la lluvia. Ahí buscó el botiquín de primeros auxilios y le limpió las heridas para después improvisarle un rústico vendaje. No sabían en ese momento que sus vidas se habían entrecruzado para establecer lazos de permanencia. Esa tela adhesiva utilizada provisionalmente para ayudar a proteger y sanar quedaría fija en ellos para otros fines más perdurables en el tiempo.

Eso ocurrió hace seis años. Estuvieron saliendo juntos cerca de dos, hasta que decidieron casarse hace cuatro.

A pesar de que, con el correr de los años, los dos habían flexibilizado sus características de personalidad, la vida de casados los ha llenado de múltiples problemas por sus estilos tan distintos de ser y de ver el mundo. Pero parece que no se han permitido aprender mucho uno del otro. Al contrario, la seguridad que les brindó el compromiso formal, sumado a la rutina de todos los días, los llevó a caer en un ingrato proceso regresivo respecto a los avances que habían efectuado para llegar a buenos acuerdos entre ellos. Además, ambos han caído en la vulgar trampa de pensar que su pareja está mal porque, a ojos de cada cual, el otro tiene actitudes inadecuadas. No se dan cuenta de que los conflictos surgen por sus simples diferencias, que los hacen oponerse —por definición— a las preferencias de su pareja.

Por eso es que su matrimonio, una vez transcurrida la primera etapa, la del dulce embelesamiento, no les ha brindado mayores satisfacciones en este sendero de poderse realizar como individuos y de crecer como pareja. Su siempre presente e imprudente terquedad ha generado que, lejos de que intenten suavizar sus formas de ser, las hayan endurecido, radicalizando, tristemente, sus posiciones personales. Ella lo ha hecho de manera clara y abierta; él, encubriendo y reprimiendo sus emociones. De novios se mostraron siempre más amables y condescendientes entre ellos. Ya casados, han descuidado y postergado el mantenimiento y desarrollo de su relación. Están más enfocados e interesados en sus necesidades individuales, olvidándose de las de su pareja. Como si su egoísmo primario hubiera resucitado y no quisiera abandonarlos.

La balanza se ha inclinado hacia Martha, ya que la asertividad y la fuerza expresiva de su carácter han propiciado que Diego acceda de continuo a sus peticiones y demandas. Complacerla se ha convertido en una costumbre para él, pues no le gusta discutir y prefiere evitar confrontaciones con ella. Hasta ahora, ha considerado un desperdicio de energía el oponérsele, lo que supondría para él, adicionalmente, un claro indicio de que su relación de pareja anda mal.

El tiempo, no siempre buen y atinado consejero, ha hecho que Diego vaya acumulando rencores en contra de Martha, debido a las múltiples frustraciones que ha aceptado para no entrar en discusiones y provocar enojos. Su forma de ser, normalmente apacible, se ha ido convirtiendo en brusca y hasta grosera. Ella lo nota, pero no le da mucha importancia, ya que logra lo que quiere. Sólo de repente se lo echa en cara, con el consiguiente mayor enojo de él.

Sin embargo, un día, sin remedio, la bomba estalló. Una semana antes del cumpleaños de Diego, ella le comentó que había invitado a los papás de ambos y a todos sus hermanos a festejarlo en la casa. Él por primera vez se opuso abiertamente. Estaba irreconocible. Se puso furioso. Le dijo que tenía otros planes, pues quería disfrutar una velada tranquila y estar a solas con ella. Había imaginado una cena agradable a la luz de las velas y no un jolgorio en el que tuviera que atender invitados. Además —aunque no se lo dijo— quería hablar con ella para mejorar la comunicación entre ellos, que percibía que cada vez era menos profunda y cuidadosa.

La confrontación subió de tono rápidamente. Martha no estaba dispuesta a claudicar y quedar en ridículo teniendo que llamar a todos sus invitados para explicarles que se suspendía la reunión. Diego, intolerante y muy molesto por no haber sido tomado en cuenta en algo que suponía le correspondía de manera prioritaria, levantó la voz y en medio de imprecaciones abandonó indignado la habitación.

El conflicto irrumpió, intempestivo y cruel, como ocurre casi siempre cuando se le evita en el pasado. La pareja empezaba a percibir las dificultades reales para lograr consolidar una relación. Martha y Diego eran muy valiosos como individuos, mas no lograban entenderse ni integrarse como pareja. ¿Lograrán aprovechar positivamente la experiencia dolorosa o, ignorantes y repetitivos, la utilizarán tan sólo para lastimarse mutuamente?

¿QUÉ PASARÍA SI MARTHA Y DIEGO FUERAN LOS MALACARA?

❧

Martha Malacara no pudo soportarlo. Simplemente no lo aguantó. ¡Cómo era posible que Diego, que siempre había sido tan comprensivo y accesible, ahora le saliera con que "ya no toleraba la situación!" Algo pasó, pensaba indignada. Alguien lo ha de haber malaconsejado, se decía para sus adentros. Sus papás o algún amigo, quién sabe, concluía lastimada y molesta. Éste no era el Diego con el que se casó. Que ni pensara que iba a acceder a sus caprichos de niño consentido. ¿Qué de malo tenía invitar a "su casa" a su familia y a la de él? ¡Habrase visto mayor tontera! Y todo por halagarlo. Para festejarlo "a él". Era, además, un típico baboso malagradecido. Así se la pasó cavilando Martha toda la tarde, después de que Diego se negó rotundamente a llevar a cabo la reunión y de que, tras un portazo, salió de casa sin decir adónde iba. Le daban ganas de pegarle o de ir a casa de sus papás a quejarse (de ella o de él, qué más daba).

Diego Malacara se lastimó al salir. Al jalar la puerta, y sin saber cómo, se golpeó los dedos. Le dolían y se los masajeaba vigorosamente. Estaba en el parque que se encontraba a tan sólo un par de cuadras de su departamento. Caminaba como un energúmeno y no lograba calmarse. El enojo lo tenía dominado y totalmente descontrolado. El viento frío le golpeaba la cara y le arrebataba las lágrimas que el coraje y el dolor habían puesto en su rostro. Estaba harto de acceder siempre a las decisiones y los caprichos de Martha. Todo le concedía, pero había un límite, y no la complacería más. ¡Carajo! ¡Hasta dónde puede llegar una mujer obsesiva y dominante! Sentía una gran ansiedad y tenía una sensación interna de vacío y de pérdida. El temor que abrigó en algún momento de que algo malo pasaría si se decidía a enfrentar a Martha se había cumplido religiosamente.

Lo que hacen mal

ஐ Ella

- Se desconcierta y supone que el cambio de actitud de Diego se debe a que "alguien" lo malaconsejó, en lugar de ponerse a pensar que ella pudo haber cometido un error.
- Se comporta de manera intransigente al no negociar con él.
- Coloca su orgullo en el lugar prioritario, no permitiéndose más que pensar en ella misma y olvidándose de su relación.
- No se da cuenta de sus verdaderos sentimientos (sorprendida, lastimada, indignada) y toma contacto exclusivamente con su enojo.
- Se deja llevar por el arrebato, elucubrando que su pareja la lastimó de manera intencionada y desleal.
- No sabe dar salida adecuada a sus sentimientos de agresión y decide lastimar a Diego, como una manera de "cobrárselas".

- Es evasiva pues no muestra buena disposición para resolver lo sucedido.
- Busca dar una salida lateral al conflicto al pensar en quejarse con sus papás y con sus suegros.
- De actuar así, rompería los límites que deben proteger la relación.

Él

- Aunque busca encarar el problema, lo hace de una manera agresiva y mostrando inconsistencia (dado que aborta su intención de resolución, pues se va al parque sin el ánimo de regresar para generar una posible actividad conciliadora).
- Fue acumulando resentimientos al comportarse invariablemente sumiso ante las demandas de Martha, por lo que, cuando la situación se volvió intolerable, no la pudo manejar de forma apropiada, ya que no logra expresarse con serenidad al sentirse dominado por su enojo.
- En su arrebato de salir de casa, actúa con tal brusquedad que se lastima físicamente (se golpea los dedos), agravando su malestar.
- Permite que su dolor lo descontrole y amplifique su frustración, sin entender de qué manera erradicarlo.
- Al sentirse incomprendido, se victimiza y elabora pensamientos en contra de su pareja, sin tomar nota de su propia participación en lo que le ocurre.
- Es fatalista por suponer que la problemática por la que atraviesan no tiene remedio, considerando implícitamente que nada se podría hacer para remediarla.

- No sabe expresar sus sentimientos profundos, tan sólo se enoja y despotrica.
- No se da cuenta de que el problema no era enfrentar a Martha, sino hacerlo de una manera completamente inadecuada (maltratándola).

🐾 Ambos

- Evaden enfrentar de manera adulta la situación. Tan sólo muestran su ira y su decepción.
- No saben comunicarse sus sentimientos y necesidades profundas.
- No se dan cuenta de que lo que los confronta y mete en conflicto son sus diferentes actitudes ante la vida: la extroversión de ella y la introversión de él.
- Suponen irreconciliables las posiciones que asumen ante las diversas circunstancias que se les presentan.
- No saben que esas distintas formas de ser de uno y del otro los podrían enriquecer como personas, si conocieran la forma de aprender de las diferencias que se tienen con el cónyuge.

¿Y SI FUERAN LOS BUENROSTRO?

ભજ

¿Qué podía hacer? Perdió el control y se daba cuenta de que Martha se sentía lastimada. Ciertamente, la expresión de su inconformidad fue un tanto violenta e inadecuada. Quizás hasta agresiva. La había maltratado al darle rienda suelta a sus impulsos y por el mal manejo que mostró de sus emociones.

Reflexionaba que había cometido el error de acceder siempre a los deseos de Martha y que ella se había acostumbrado a ese tipo de reacción complaciente. Empero, finalmente, después de ese mal momento, apreciaba lo ocurrido, pues ahora empezaba a entender el problema y podría buscarle soluciones. *Diego Buenrostro* se sentía triste y tenía el rostro desencajado, pero abrigaba pocos remordimientos. Además, tenía clara la buena intención de ella para celebrar su cumpleaños. Sabía que la forma en que deseaba hacerlo respondía a sus características de personalidad, y nada tenía que ver con contrariarlo o molestarlo caprichosamente. Esperaría a que Martha regresara a casa por la noche para tomar con ella una decisión respecto a la fiesta. Percibía que esto era realmente intrascendente, que lo importante era expresarle cuáles eran sus sentimientos y, a su vez, poder escucharla a ella. Lo valioso consistía en conocerse más a fondo, para ir tomando mejores decisiones que no lastimaran su relación.

Ya menos mortificada, *Martha Buenrostro* salía de su oficina meditando en lo ocurrido esa mañana. En el camino para llevarle unos documentos a un cliente del despacho, su mente se fue serenando. Recordaba lo desagradable que había sido observar la brusca reacción de Diego. Sin embargo, empezaba a aceptar que, aunque sin intención, ella se excedía en su forma de proceder. No lo tomaba en cuenta. Decidía por él, creyendo que sus decisiones eran las correctas. Pero habitualmente —ahora lo veía con claridad— no lo incluía de manera formal. Sabía que Diego tenía diferentes formas de sentirse cómodo y que ella no las valoraba en absoluto. Pudo reconocer que se comportaba con cierta soberbia al hacerlo así. Como si sólo ella tuviera la razón y nada más importara su propio sentir. En fin, llegando a casa buscaría acercarse a Diego para lograr un acuerdo respecto a la apresurada invitación. Se sentía mal de que las cosas hubieran tomado ese rumbo. Intentaría escuchar a su pareja. Notaba, además, que esa forma diferente de ser de él le atraía sobremanera. Quizá, cavilaba, ella no se había dado tiempo para ampliar su variedad de respuestas ante la vida.

Lo que hacen bien

Él

- Pasada la excitación del momento, reconoce los errores que comete al mostrarse agresivo e intolerante.
- Toma el problema como una posibilidad de crecimiento personal y de acercamiento con su pareja.
- Se entristece por lo que pasa, pero no se siente culpable; aunque sí responsable por lo ocurrido.
- Distingue entre el problema circunstancial (lo aparente: el festejo por su cumpleaños) y el problema de fondo (lo real: las diferentes formas de encarar el mundo entre ellos).
- Reconoce la importancia de expresar sus sentimientos y de estar atento a los de su cónyuge.
- Aprecia lo valioso de su relación y la buena intención de Martha al buscar halagarlo y festejarlo con la fiesta que le preparó (aunque a él eso pueda disgustarle).
- Decide hablar con Martha para resolver el conflicto junto con ella.

Ella

- Es capaz de aceptar sus errores pasados, ya que reconoce sus excesos relacionados con la toma de decisiones que les competen a ambos.

- Observa que ha excluido a Diego no tomando en cuenta sus opiniones ni dándole la debida importancia a sus puntos de vista.

- Se da cuenta, a partir de este doloroso incidente, de que necesita valorar a su pareja.

- Acepta haberse comportado con soberbia, pensando que su forma de ver las cosas es la única correcta.

- Muestra determinación para tratar de llegar a buenos acuerdos con Diego en relación con la fiesta de cumpleaños.

- Está dispuesta a escuchar a su cónyuge para conocer sus necesidades.

- Aprecia que es la forma de ser diferente de Diego lo que lo hace atractivo a sus ojos.

- Percibe la necesidad de crecimiento personal para poder generar nuevas formas de reaccionar ante los aconteceres cotidianos.

Ambos

- Aceptan las responsabilidades propias de lo ocurrido y no culpan al cónyuge.

- Anhelan enfrentar y resolver el conflicto para recuperar la armonía de la relación.

- Están dispuestos a comunicarse, escuchando y expresando sus sentimientos y necesidades.

- Perciben que cada cual tiene distintas formas de ser y hacer, y que eso no implica que deban confrontarse, ya que no existe una intencionalidad en contra.

- Se dan cuenta de sus diferencias de actitud: ella, extrovertida y él, introvertido, y aceptan que algo tienen que hacer para mejorar como seres humanos.

- Están resueltos a resolver el problema y a aprender de lo ingrato para poder elevar la calidad de su relación.
- No se muestran impacientes ni intolerantes.

ACTITUDES: EXTROVERTIDO / INTROVERTIDO

Todas las personas somos diferentes y complejas. De ahí que, para lograr comprender mejor la condición humana, convenga hacer algunas generalizaciones que nos permitan clasificar a las personas de acuerdo con algunas de sus características.

Respecto a una de las formas de relacionarse con el mundo, se considera que existen *dos tipos* fundamentales de *actitudes* ante la vida: *la extrovertida y la introvertida.*

Los extrovertidos tienen preferencia por estar en constante trato con los demás. Los introvertidos, por el contrario, prefieren estar en contacto consigo mismos.

Las dos actitudes son sanas, normales y valiosas, aunque evidentemente *diferentes* y por lo mismo entran *en conflicto.*

Sin embargo, *la sociedad valora mucho más las actitudes extrovertidas,* es decir, las de aquellas personas a las que les gusta salir y estar con gente, y considera inadecuadas las de quienes prefieren quedarse en casa o estar a solas. Generalmente se considera que estas últimas están mal, pues no se dan los espacios para divertirse como se supone que es lo correcto.

Algo similar llega a ocurrir con las distintas formas que tienen de conducirse los individuos durante el transcurso del día, ya que hay sujetos que se desempeñan mejor en el día y otros en la noche. Pero, de igual forma, a los tempraneros es usual que no se les comprenda y se les descalifique, pues sus horarios de preferencia coinciden con las actividades laborales, mientras que los desvelados parecieran ser más expresivos o permitirse menos restricciones, cuando en realidad lo que sucede es que, generalmente, están actuando de acuerdo con características biológicas personales.

La misma incomodidad que puede llegar a sentir una persona *nocturna* cuando se le pide que se levante temprano un domingo por la mañana, la tiene una *diurna* a la que se le exige quedarse en una reunión entre semana hasta altas horas de la noche.

En la relación de pareja se presentan frecuentemente estos conflictos que obedecen a estas distintas actitudes ante la vida. Es evidente que *el extrovertido tendrá* que aprender de su pareja cierto reposo para entrar en contacto consigo mismo, y darle una mejor y más profunda dirección a su vida. Le es fundamental para su crecimiento personal.

Pero, sobre todo, *el introvertido requiere* de darse los espacios y tiempos para desarrollar esta forma de ser más abierta y hacia afuera, ya que el mundo se lo demandará en incontables ocasiones a lo largo de su vida. Le será muy conveniente aprender a disfrutar la compañía de la gente, ya que se evitará tener que lidiar con muchos conflictos interiores. De no hacerlo así, se sentirá a disgusto en las muchas ocasiones en que se vea obligado —por compromisos familiares, laborales o por la insistencia de su cónyuge— a departir con otros en reuniones que pueden ser muy gratas, pero en las que se resiste a estar no sólo con el cuerpo irremediablemente presente, sino además con la mente y el corazón bien dispuestos.

Dado que existe mucha confusión al respecto, es de primera importancia señalar que hay que *diferenciar la timidez de la actitud introvertida.*

El tímido desea hacer algo y no lo hace por temor, porque le genera cierta angustia que le impide actuar con soltura y naturalidad. Por lo tanto, existen tímidos tanto introvertidos como extrovertidos.

En cambio, el introvertido no desea realizar determinadas cosas, por ejemplo, ir a un baile, porque se siente mejor en casa trabajando a solas, mientras que el tímido sí desearía ir, pero se abstiene por temor a lo que pueda sucederle ahí.

Una persona introvertida puede socializar perfectamente, lo mismo que un extrovertido puede quedarse en casa leyendo un libro tranquilamente. De lo que se habla es de la *preferencia* para realizar *la mayor parte* de las actividades cotidianas.

¿Quieren conocerse un poco mejor?

1 ¿Pueden hacer un recuento de algunas ocasiones en que se hayan confrontado o peleado debido a sus distintas preferencias de introversión o extroversión?

2 ¿Qué ha pasado? ¿De qué manera han intentado resolver sus diferencias?

3 ¿Han sido impositivos y necios? ¿En qué medida?

4 ¿Logran comprender realmente al otro?

5 ¿Le han explicado de manera adecuada a su pareja lo que quieren y la forma en que se sienten cuando se presenta un conflicto así?

6 ¿Podrían expresar sus propias necesidades sin lastimar al otro y utilizando un tono adecuado?

3. LA PRESENCIA DE LOS HIJOS
El arribo del primer bebé

Los cónyuges deben estar preparados para enfrentar los cambios en su relación. Tener un bebé convierte a una pareja en familia, y es un proceso que requiere especial cuidado para que las nuevas formas de interacción los puedan enriquecer, en lugar de afectarlos de manera negativa.

Andrés es un padre joven. Acaba de cumplir veintisiete años y ya tiene en su haber de apelativos el nuevo de "papá". Es un brillante ejecutivo de cuenta de un prestigioso banco y su porvenir profesional luce luminoso. Queta, su esposa, cumplirá veinticinco años en un par de meses. Lleva dos años casada con Andrés y salvo por los "problemas normales" que tienen todos los recién casados, se considera una esposa afortunada. Su marido es un buen hombre, cariñoso, se enoja pocas veces y mantiene su hogar con desahogo. Salvo los primeros meses de casados en que se vieron limitados económicamente porque Andrés cambió de trabajo, les ha ido realmente muy bien. Y eso, en estos tiempos que corren, ya es noticia. Ella se ha sentido siempre segura, contenta con su relación y agradecida ahora de tener un hijo.

Andrés, por su lado, procede de una familia bien estructurada. Fue el segundo de cuatro hermanos y tuvo una infancia y una adolescencia que él cataloga como "estupendas". Su inteligencia y astucia le facilitaban sacar buenas calificaciones en la escuela sin mayor esfuerzo. Tuvo varias novias y, por fin, después de múltiples y tempranas experiencias amorosas, decidió casarse con esa guapa chica, vecina suya, llamada Queta.

Vistos de lejos forman una bonita pareja. De más cerca pareciera que algo no embona del todo bien. Como si él fuera demasiado inquieto y vivaz para la tranquilidad de la cual ella parece querer hacer gala. Pero casi todo mundo dice que se complementan y que cada uno le dará al otro lo que necesita. Yo también creo que así será.

Andrés y Queta decidieron tener familia hace casi un año. Eran las fiestas de Navidad y en un impulso los dos pensaron que era el momento de convertirse en padres. Ella dejó de cuidarse y encargó rápidamente. Le cambió un poco el carácter, pero no de manera significativa. Su embarazo no tuvo complicaciones y hoy, hace justo una semana, dio a luz a su primer hijo.

El departamento en el que han vivido desde recién casados lo tuvieron que remodelar de acuerdo con sus nuevas necesidades. Arreglaron muy bien el lugar que recibiría al nuevo miembro de la familia. Lo que era el estudio y la salita de televisión fue acondicionado para la recámara del bebé. En el lugar donde estuvo el librero fueron colocados unos dibujos de unos simpáticos payasos que hizo Laura, la hermana menor de Queta, quien además se encargó del resto del decorado, aprovechando la experiencia que le ha dado trabajar varios años como maestra de un jardín de niños. Andrés tuvo que guardar muchos de sus libros en cajas, así como algunos trofeos deportivos que se había ganado años atrás. Se vio obligado a colocar su escritorio en el pasillo y perdió, claro, la comodidad de que disfrutaba para disponer de él. Al principio no le gustó mucho la idea de tantos cambios, pero después de analizarlo consideró que un buen padre "hace todo" lo humanamente posible por sus hijos.

Desde que salieron del hospital hace una semana, la pareja no ha parado un momento. El pequeño come cada tres horas, día y noche, y Queta no ha podido descansar bien. Alguna tarde ha querido dormitar un poco, pero no ha sido posible. Las continuas visitas de abuelos, tíos, amigos y vecinos no se lo han permitido. Y el teléfono ha sido un problema, pues la despierta a ella, al niño o generalmente a ambos. Sin embargo, Queta se siente feliz, pues ahora ya es mamá y por fin sus padres son abuelos. Hay momentos en que, viendo dormir plácidamente a su hijo, siente una profunda emoción y una gran responsabilidad. Cuando comparte estos momentos con Andrés, ambos son cariñosos, a veces hasta melosos, pero eso sí, en silencio para no despertar al niño.

Ahora han pasado ya dos meses desde que el recién nacido hizo su arribo a casa y parece que las cosas empiezan a mejorar y normalizarse. Disminuyeron drásticamente las constantes visitas y llamadas telefónicas, si bien los abuelos y los tíos no parecen haber perdido el entusiasmo. La mamá de Queta, doña Silvia, les habla diario por teléfono para saber cómo está el pequeño y preguntar si se les ofrece algo. La mamá de Andrés, Juanita, como la llaman familiarmente todos, es más discreta y sólo llama unas dos o tres veces por semana, aunque los sábados por la tarde los visita y le lleva algún regalito al niño. A Queta esto no le gusta, pues no pueden salir a pasear por atenderla, pero Andrés insiste en que sería cruel no permitirle visitarlos, recordándole que es viuda desde hace cuatro años. Además, dice él, "tu mamá viene dos veces por semana, qué tiene de malo que mi mamá venga una". "Sí —le contesta ella—, pero mi mamá viene entre semana y no nos limita para nada." En fin, que son pequeñas, aunque constantes discusiones.

La vida social y de esparcimiento de ambos ha cambiado radicalmente, pues al cine y al teatro, que son las aficiones preferidas de Queta, ya no es posible ir. Andrés tampoco frecuenta de igual manera a sus amigos y ha dejado de jugar tenis. Esto último no le causa mayor problema, salvo cuando tiene un disgusto con su mujer y quisiera mandar todo a volar. Anteriormente, con esa actividad lograba sacar mucho de su enojo y se sentía liberado. Ahora, cuando se llega a enojar con ella, hace una rabieta y vocifera incoherencias. Después enmudece por un buen rato. Luego se arrepiente y va a comprar chocolates o flores para Queta y alguna prenda para su hijo. Ya reconciliado y aplacada su pertinaz culpa, se siente de nuevo en paz y tranquilo, lo que le permite echar a volar su desbordada imaginación para poderse acariciar mentalmente a sí mismo —con mucha satisfacción y orgullo— enalteciendo sus roles de pareja y padre.

Andrés tiene ahora nuevas responsabilidades en casa, ya que Queta, por el tiempo de atención que requiere el bebé, no puede con todo el trabajo. De recién casados estaban muy bien organizados. Ella trabajaba unas horas por la mañana y en la tarde siempre estaba en casa. Cada quien sabía cuáles eran sus obligaciones en el hogar y los dos las cumplían con eficiencia. En ocasiones hasta con gusto, como los fines de semana en que Andrés guisaba y lo hacía con entusiasmo y mucho éxito. Pero como en las nuevas circunstancias ella se ve obligada a dejar de hacer algunas actividades domésticas, él tiene que asumirlas, no sin cierto malestar y disgusto de su parte. En estas condiciones, su relevo forzado lo lleva a expresar ocasionales reproches, lo que termina, de manera invariable en estos casos, generándole constantes e ingratas fricciones con una Queta que se siente terriblemente incomprendida.

Sus relaciones sexuales se han visto disminuidas en cantidad y calidad. El niño y sus múltiples y variadas demandas, las visitas inesperadas, el cansancio y la reorganización familiar —que incluye ahora un presupuesto más reducido—, han influido y provocado nuevas tensiones que les afectan en su comportamiento y respuesta pasionales. Ya no están solos como antes, y extrañan —sobre todo él— la intimidad de la que antes disfrutaban libremente.

En estos meses que avanzan a paso acelerado han tenido menos tiempo para comunicarse entre ellos como solían hacerlo. De novios, y también de casados, acostumbraban salir a caminar. Iban a algún parque o simplemente daban la vuelta a la manzana. Esos momentos siempre fueron gratos y muy provechosos. Lograban encontrase uno con el otro. Se reconocían nuevamente en profundidad. Comentaban sus anhelos más íntimos, sus frustraciones y sus problemas. El contacto con una soleada o agonizante tarde, o bien por la noche con un cielo estrellado y una temerosa luna, o el simple hecho de contemplar tranquilamente el balanceo de las hojas de los árboles, les daba una sensación interna de gusto, alegría y paz. Se sentían cerca. Como si no fueran dos, sino nada más uno dividido en partes. En contraste, para estas fechas, ese espacio de encuentro se ha visto borrado de su cotidianeidad, al menos por ahora.

Con el transcurrir del tiempo, Queta se ha ido tranquilizando. Estaba nerviosa por tantas nuevas demandas. Pero ha salido airosa de los momentos más difíciles y ha aprendido muchas cosas. Incluso físicamente se le ve mejor, más radiante y plena. Hasta diríamos que más sensual. Por su parte, el niño, encantador, cumplió ocho meses hace apenas unos días. La relación que Queta tiene con él es sumamente intensa, tanto que Andrés ha pasado a un segundo plano. Se siente muy satisfecha como madre. Se ha dado cuenta de que era un anhelo íntimo muy intenso y esencial, que no había tenido de manera consciente, pero que la satisface enteramente. Nota que su vida tiene mayor sentido. Algo similar experimentó cuando se casó. Una sensación de plenitud. Sin embargo, ahora es diferente. Es como más profundo, más primitivo, más instintivo.

El problema, entonces, no es con el Andrés pequeño, con el que cada día se asombra más con sus aprendizajes y sus ocurrencias, sino con el otro, con el grande, con el que hasta hace poco tiempo pensaba que todo iría bien siempre. Y es que su marido se ha vuelto distante por momentos. Pensativo y sumido en su propio mundo. Callado y malhumorado, aunque luego da paso a su papel de papá amoroso y juguetón. Se ríe mucho con su hijo y lo disfruta, pero cuando se quedan solos se muestra diferente. Ella ha llegado a pensar que está celoso. Celoso de su propio hijo, como si no se diera cuenta de que por su edad el bebé la necesita mucho más. Sin embargo, ha decidido no comentarlo con él. Piensa que si ahora hay dificultades, diciéndoselo será peor. No sabe que se equivoca. Que sólo enfrentando los problemas se les puede resolver.

Andrés ha decidido refrendar y continuar, aunque solo, con su pasada vida social. Frecuenta de nuevo a sus amigos y sigue haciendo deporte. Pero ha perdido algo. Ya no tiene chispa. Su mirada no es tan clara como antes y se vislumbra en ella un leve dejo de tristeza. Se siente (no sabe si por motivos reales o imaginarios) marginado, relegado y, en ocasiones, hasta no querido por Queta. Cuando menos no como antes, cuando el enamoramiento y la pasión los fundían a ambos. Está desencantado. El bebé le hace pasar buenos, muy buenos momentos, pero, es difícil decirlo…, también le estorba. No trabaja en la oficina con la misma concentración y dedicación que antes. Y, para no dejar de sumarle inconvenientes, extraña su despacho en casa. Ese espacio que con tanto esmero procuró y cuidó. Que había llenado de objetos personales, de sus libros y su música. Que le funcionó como un apacible refugio para los ratos en que sólo deseaba convivir consigo mismo. Andrés se siente mutilado. Cree ser un mal padre por pensar de esta manera, mas no lo puede evitar. El acceso amoroso a su pareja es, desde hace un tiempo, lamentablemente, tan sólo a través de su pequeño hijo. Cuando menos así lo percibe.

Es una confusión de sentimientos y de vivencias contradictorias. Grandes gozos acompañados de situaciones llenas de frustración y de zozobra. Nadie los había preparado para esto. Andrés siente el desplazamiento y lo que de manera equivocada interpreta como abandono por parte de su pareja. Queta, por su parte, nota la incomprensión y el enojo de Andrés. Sin embargo, sólo hay reclamos. De uno y de otro. Reproches eventuales que no conducen a nada creativo, tan sólo reiterativo. Los dos se quieren mucho todavía. Se necesitan. Pero se hallan atrapados en un enjambre lleno de egoísmos y miopías, producto de su inmadurez y apresuramiento.

El bebé los convirtió, de un día para otro, de una pareja que eran antes, en una familia que son ahora. Sus intenciones siguen siendo las mejores. Quieren ser los mejores padres y rescatar o incluso fortalecer su relación de pareja. ¿Tendrán, en este momento de sus vidas, las herramientas y habilidades suficientes para lograrlo?

¿Qué pasaría si Queta y Andrés fueran los Malacara?

e∕უ

Andrés Malacara se encuentra resentido. Quiso decirle a Queta lo bien que le había ido ese día en la oficina y ella lo rechazó.

Bueno, así parecía. Le dijo que no hiciera ruido, que podría despertar al bebé, y que se encontraba muy cansada, pues el niño estuvo muy inquieto toda la tarde. Andrés no aguantó más, y en un arrebato se salió a la calle, pensando en lo injusta y ciega que era su mujer. Él se pasaba horas y horas en el trabajo tratando con clientes, algunos de ellos muy difíciles, y parecía que ella no se daba cuenta. Notaba que Queta se hallaba irritable la mayor parte del tiempo y que lo trataba con lejanía. Pero no estaba dispuesto a soportar más. Cuando ella estuviera así, mejor se iría a jugar tenis y a platicar con sus amigos. También podría ir a visitar a su mamá. De este modo no la pasaría tan mal…

Queta Malacara se hallaba muy confundida. Andrés parecía no darse cuenta de que ahora tenían un bebé en casa y de que todo necesariamente había cambiado. Continuaba igual de egoísta que siempre. Estaba claro que su hijo debía tener prioridad para ellos y parecía que él no lo entendía. Pues allá él y su necedad, se decía ella para sus adentros. Se comporta como si fuera un niño consentido y exigente. Ella no descuidaría al pequeño sólo por complacer a ese hombre inconsciente y bobo que la trataba de manera tan injusta. Nunca se hubiera imaginado que después de "tanto amor" ahora Andrés se mostrara tan frío y demandante.

Lo estuvo pensando un rato y decidió irse a cenar a casa de sus papás para comentar lo que le pasaba y que la pudieran ayudar. Al fin que no estaba lejos la casa de ellos y, claro, arroparía bien al bebé.

⚛ Él

- Malinterpreta el hecho de que Queta le dé prioridad de atención al bebé, percibiéndolo como si fuera un signo de rechazo hacia él. Se siente por ello lastimado de manera absurda.

- Se victimiza con esta situación y se pone a pensar lo bueno que es él y lo incomprendido que está por su pareja.

- Toma lo que ocurre con Queta y el bebé de manera personal, como si deliberadamente fuera algo en su contra.

- Aunque se desespera por esta situación que lo abruma, no toma ninguna acción constructiva para resolverla o, al menos, para hablar de sus sentimientos de frustración y aislamiento.

- Esta evasión del conflicto lo lleva a darle salidas laterales a su dolor, como son ese lugar común de irse con los amigos o refugiarse en casa de los padres (en este caso, de su mamá).

⚛ Ella

- Observa el disgusto y el malestar de Andrés y sólo los entiende como fruto de su egoísmo. Lo descalifica en su mente constantemente.

- Etiqueta a su cónyuge y no lo ve como un ser humano en dificultades, sino solamente como un individuo intransigente y necio.

- Como cree tener la razón de manera exclusiva, da por concluido el asunto y se olvida de la atención y el cuidado que requiere cualquier relación de pareja.

- Reacciona de igual manera que Andrés y, en lugar de enfrentar y buscar resolver el conflicto, opta por la salida lateral de ventilar su disgusto con sus papás.

❦ Ambos

- Tienen una visión parcial y deficiente del problema, y culpan al otro de todo lo que ocurre, sin darse cuenta de sus deficiencias y omisiones.
- Al buscar incluir a sus propios padres en sus problemas, provocan que se pierda la intimidad de la pareja y que puedan formarse coaliciones en su contra que puedan afectarles en mayor grado con posterioridad.
- Evaden los conflictos y rompen la comunicación entre ellos, sin darse la oportunidad de encontrarse en un clima de respeto y amor para hablar de sus temores, angustias, molestias e inseguridades.
- Ella erosiona la relación de pareja al vincularse tan intensamente con su hijo, quitándole la prioridad a su cónyuge.
- Él se comporta de manera inmadura y caprichosa al mantenerse distante y periférico, sin acercarse a ella para atender de manera adecuada su disgusto.
- Piensan rígidamente que las cosas están bien o están mal, y no se permiten asumir acciones que pudieran mejorarlas.

¿Y SI FUERAN LOS BUENROSTRO?

Andrés Buenrostro se encuentra triste. Esa noche, al llegar del trabajo, quiso platicar con Queta, pero estaba ocupada empezando a bañar al pequeño. Cuando terminara, le iba a dar de comer. Seguramente acababa de cambiarle el pañal. El olor no permitía ninguna duda. No le gustó tener que esperar.

La llegada del bebé lo ha rebasado y se da cuenta de que su relación de pareja se deteriora cada vez más. Ha intentado comentarlo con Queta, pero por uno u otro motivo no ha decidido hacerlo. Los papás de ella y su propia mamá los visitan sin mayor pudor. Observa que han perdido mucho de la intimidad de la que gozaban y resiente esa situación. Percibe la intromisión y se decide a tomar medidas para proteger su relación. No está dispuesto a que las cosas sigan igual.

Lo grato se ha vuelto ingrato. La anhelada paternidad ha venido acompañada de nuevas dificultades. Como pareja tienen frecuentes fricciones y pareciera que los dos se han vuelto intolerantes. Él nota que ha perdido espontaneidad y alegría, y ella la paz y tranquilidad que la caracterizaban. Andrés no puede esperar más. Le pedirá a su mamá o a sus suegros que se queden un fin de semana con el niño y la llevará a algún lugar cercano. No importa adónde, lo que necesitan es estar solos otra vez, expresarse lo que sienten y replantear serenamente sus nuevas condiciones. Intuye que no es grave lo que les pasa, si lo atienden de la manera debida. Requieren establecer espacios para compartir en familia y otros en pareja. Ambos son necesarios. Pedirá los apoyos que crea convenientes. Hablará con Queta. Él sabe que mientras no haya reclamos o malos modos, siempre está dispuesta a escuchar.

Queta Buenrostro, más que triste, está desconcertada. En ocasiones se siente también muy agobiada. No entiende cómo una ilusión tan fundamental como la de ser padres —que ven ahora realizada— pueda generarles problemas, aunque ahora empieza a comprender que Andrés se sienta molesto, pues le dedica menos tiempo que antes. Lo percibe alejado y eso no le gusta. Se da cuenta de que han permitido que sus papás y amigos les roben su intimidad y no se han dado el tiempo para atender sus necesidades individuales y de relación. Con frecuencia se siente abrumada con tantas responsabilidades y llega a desesperarse. Hablará con Andrés. Necesitan cuidarse a sí mismos, antes que todo lo demás. Sintiéndose ellos unidos y fuertes, podrán afrontar cualquier situación. Sabe lo difícil que es eso, dado que conoce lo frágil y complejo de la condición humana, pero está dispuesta a intentarlo y alcanzar su propósito.

LO QUE HACEN BIEN

ཞ Él

- Tiene muy claro que la llegada del bebé les ha generado una serie de trastornos que requieren ser atendidos en pareja.
- Observa su propia desidia para atender esta situación con oportunidad, dado que ha pospuesto su atención y probable solución.
- Aprecia que la falta de límites ha provocado que sus familias de origen (sin mala intención) invadan sus espacios conyugal y familiar, quitándoles una intimidad que necesitan para nutrirse entre ellos.
- Toma la decisión de resolver sus problemas y está determinado a tomar acciones que permitan mejorar el sentir de los dos. No está dispuesto a que las cosas continúen igual.
- Pedirá apoyo a su mamá o a sus suegros para que puedan quedarse un par de días con el bebé y así darse el tiempo, él y Queta, para reconstruir su relación.

ಜ Ella

- Acepta su desconcierto y reflexiona sobre la conveniencia de mejorar su esquema actual de vida.

- Empieza a entender a Andrés, pues es capaz de reconocer que le ha dedicado mucho tiempo al bebé, en detrimento de la atención que le demanda su pareja.

- Como él, también percibe la carencia de intimidad que tienen ahora entre ellos y que se refleja en un distanciamiento entre los dos que con anterioridad no tenían.

- Se halla abrumada, por lo que decide hablar con Andrés para atender la situación por la que atraviesan.

- Desea proteger su relación de pareja, reconociendo la prioridad que debe tener respecto de otra.

- Sabe que es difícil por lo que tiene que pasar, pero está resuelta a salir adelante en compañía de su pareja.

ಜ Ambos

- Se dan cuenta del problema por el que atraviesan y reconocen su propia responsabilidad.

- Desean que se respete su intimidad y su unión, y buscan establecer con los demás límites claros y firmes que los preserven como pareja.

- Intentan resolver sus conflictos de manera adecuada, solicitando tiempo para aclarar y redefinir la situación por la que están pasando.

- Asumen que, sin descuidar a su hijo, primero son ellos y luego el bebé.

- Se dan cuenta de que la vida de casados es difícil y que tiene continuos altibajos, por lo que les requiere de su interés constante, de una amplia dedicación y de acciones constructivas para salir adelante.

LA PRESENCIA DE LOS HIJOS

Podríamos afirmar que una pareja se convierte en familia cuando recibe al primer hijo. Ese paso tiene una gran trascendencia. Todo cambia a partir de ese momento. La dinámica de la relación se vuelve mucho más compleja. Él y ella no estarán ya solos. Pasarán muchos años para que eso pueda volver a ocurrir…

Las posibilidades de ir y venir libremente por el mundo que tenían ambos, en lo individual y como pareja, se ven ahora seriamente constreñidas.

El compromiso que establecieron entre ellos se expande hacia ese pequeño ser que les demanda atención y cuidado. Absorberá su tiempo, su amor e interés, su dinero y sus más caras ilusiones.

Es importante que los cónyuges no resientan esta nueva forma que tendrán de repartir su energía emocional, ni que afecte la satisfacción de sus necesidades personales.

La pareja deberá preservarse siempre como la relación esencial de la familia.

Él y ella juntos, con los hijos a su lado, no entre ellos.

ERRORES COMUNES

- Él se siente desplazado por la presencia del bebé.
- Él es desplazado por la presencia del bebé.
- Él no sabe aceptar la prioridad de atención que requiere el recién nacido y se siente celoso de él.
- No reconoce este sentimiento.
- Ella cambia su preferencia amorosa y coloca al pequeño en el lugar que le corresponde a su pareja.
- Son invadidos en su intimidad por sus familias de origen.
- No implementan los límites bien definidos y claros que preserven la relación de pareja de la intromisión indiscriminada de familiares y amigos.
- Surgen discusiones y enfrentamientos estériles debido a estas intromisiones.
- Los cónyuges se distancian por sentirse frustrados e incomprendidos.
- No logran superar esta etapa de transición y cambian su forma de relacionarse por otra en la que ella centra su mayor atención en sus hijos, y él se distancia de la familia y se vuelve "periférico", es decir, presente físicamente, mas no cercano en el plano emocional.
- Pensar que sus hijos les pertenecen y tratarlos como si fueran una réplica mejorada de sí mismos.

En su caso, ¿cuál ha sido su experiencia?

1 ¿Han aceptado que el tema de la familia y los amigos del cónyugue es un asunto espinoso, difícil de tratar entre ustedes? Sólo analícenlo. No lo comenten.

2 ¿De qué manera abordan estos temas que en general se vuelven espinosos? ¿Qué tanto los ha desgastado y distanciado? ¿Les afecta mucho hablar de ello?

3 ¿Reconocen que la relación prioritaria en la vida es la que se tiene con el cónyugue y no con los padres ni con los hijos? Si es así, ¿actúan siempre conforme a esta aceptación?

4 ¿Comunican sus sentimientos, deseos, frustraciones y anhelos como seguramente lo hacían cuando empezaron a relacionarse?

5 Si no es así, ¿qué pueden hacer al respecto?

6 ¿Les gustaría revitalizar su relación de pareja?

7 ¿Sus hijos se han convertido en el centro de su atención y comunicación? ¿En qué grado?

8 ¿Cómo podrían enmendar el camino para que todos salgan beneficiados?

9 ¿Están dispuestos a comprometerse?

4. EL ENOJO
¡Que no me grites!

El enojo es el sentimiento desagradable del cual los seres humanos tenemos mayor conciencia. Nos invade y molesta de manera habitual. Sin embargo, como se verá después, es factible desactivarlo o disminuir la frecuencia con que se nos presenta si conocemos sus mecanismos de formación y decidimos actuar en consecuencia.

Para los cónyuges, el tema reviste especial interés, ya que la relación de pareja es la más cercana de todas y, por lo mismo, la que presenta mayores posibilidades de conflicto y de generación de enojos.

Desde una de las recámaras se oyó un fuerte y lastimero grito:

—Por qué no levantan su ropa?

Siempre ha de ser igual, pensó Rita para sus adentros, mientras se agachaba para recoger el suéter y los pantalones sucios que Felipe, su hijo, había dejado tirados en el suelo. Su enojo duró unos segundos nada más. Así de efímero y corto se manifestaba casi siempre. Estallaba con facilidad, pero luego se tranquilizaba. Decía que no era rencorosa y que todo se le olvidaba, aunque la verdad era que sí se acordaba y además acumulaba agravios. Se los guardaba. Como no los mencionaba, daba la impresión de que quedaban en el olvido, pero bien que se los cobraba. Cuando tenía oportunidad se comportaba agresiva y sarcástica con quien la hubiera importunado. Era su manera de ajustar cuentas. Al menos eso creía.

Gonzalo, su marido, tenía una forma similar de reaccionar en cuanto a los tiempos. Se enfurecía con rapidez. Aunque él, usualmente, sí afectaba en el momento a quienes lo acompañaban, sobre todo si se encontraba en casa. Descubría con perspicacia e inteligencia los errores y defectos de los demás y, al notarlos y hacérselos ver, generalmente los hería. Obviamente, en el hogar, donde no tenía que ceñirse a las formalidades ni a los convencionalismos sociales, se mostraba más agresivo, y por ello de continuo lastimaba con sus comentarios y sarcasmos a su mujer y a sus hijos. En cambio, en el trabajo o con sus amistades guardaba de alguna manera las formas y no expresaba con tanta claridad ni espontaneidad el fruto de sus observaciones. Había días en que se enojaba constantemente. Deseaba que todo funcionara de acuerdo con sus expectativas, y si no era así convertía su frustración y mal humor en una actitud desafiante, intolerante y hostil, fundamentalmente con su familia.

Rita y Gonzalo tienen tres hijos adolescentes. Bertha y Aurora, las mayores, son gemelas y cumplirán el mes entrante diecisiete años. Felipe, el menor, cuenta apenas con catorce. El carácter de ellos difiere mucho del de sus papás, pues solamente Bertha llega a tener de repente algún desplante incontrolado. En general se avienen a las disposiciones de casa, son de trato amable y saben guardarse sus disgustos. El ambiente familiar los ha sometido y prefieren ser cautelosos y mantenerse al margen, no mostrando mucho sus emociones.

Los amigos y vecinos aprecian a la familia y la valoran bien. No imaginan los problemas internos que esconden, ni el continuo reprimirse para "guardar de la mejor manera las siempre importantes apariencias".

Los modos de conducirse de unos con otros se repiten una y otra vez en la misma forma. Rita muestra brevemente sus enojos y los va acumulando. Gonzalo pasa por la vida señalando los errores de los demás, como si él no los tuviera, y mostrándose exigente e intransigente con su familia. Los hijos, arrinconados y mustios. Así ha transcurrido año tras año. Desgastándose todos de forma estéril, sin ningún sentido.

La crisis se presentó en las pasadas fiestas de fin de año. Aurora, la más dócil de las gemelas, se enamoró. En una reunión que hicieron sus compañeros de grupo de la preparatoria conoció al que sería su primer novio más o menos formal, y el detonador de muchas situaciones imprevistas en su casa, un joven alto y delgado llamado Ernesto.

La pareja recién formada empezó a cambiar la dinámica de toda la familia. Primero comenzaron los celos entre las hermanas, dado que Bertha, siendo de carácter menos tolerante que su gemela, se sentía desplazada, y en segundo término, al observar que su hermana se le había adelantado en el camino de las relaciones amorosas. Y claro que eso no le gustaba, le molestaba sobremanera, pero como no lo reconocía, no encontraba una forma adecuada de darle salida a su malestar. Por eso empezó a ser hiriente y burlona con Aurora, para obstaculizarle, en la medida que podía, su relación con Ernesto. Pero Aurora, tan sumisa como se había conducido hasta entonces, se empezó a rebelar. No aceptaba que su hermana se propasara y comenzó a confrontarla y hasta a agredirla para defenderse y no ser molestada. El enamoramiento le había modificado sus actitudes y reacciones. De algún lugar desconocido había sacado la decisión y fuerza de carácter que no dejaban de sorprender a su familia, pues pensaban todos ellos, de manera equivocada, que eran cualidades que ella jamás podría poseer.

Sus papás, desconcertados por la tensión que se daba entre sus hijas y por la novedad de que, por primera vez, una de ellas tuviera un novio que la visitaba con formalidad y regularidad, reaccionaron —como era de esperarse— de forma diversa, y en muchos momentos incluso antagónica.

Rita no mostró sus emociones y se le veía impávida, como si nada pasara, mas en su interior empezaba a sentirse vieja, al darse cuenta de que sus hijas habían crecido y que, irremediablemente, estaban haciendo ya su propia vida. Pero al mismo tiempo se sentía contenta de que fueran creciendo e iniciando su vida de personas adultas. Gonzalo, por su parte, estaba celoso, pero carente de argumentos para violentar a su hija, pues Aurora no daba motivo de queja. Sus resultados escolares continuaban siendo más que aceptables y se sujetaba sin discusión a las reglas que sus papás le impusieron respecto a su relación. Sin embargo, para él la incomodidad era mayúscula, dado que ahora su espacio físico, ¡su propia casa!, se hallaba invadida por ese dichoso joven Ernesto, quien con frecuencia estaba de visita por las noches e incluso en ocasiones se quedaba a cenar, causándole fastidio y enojo, muchas veces mal disimulados.

Gonzalo por primera vez tuvo que aprender a refrenar su enojo al llegar a casa, pues la presencia continua de Ernesto no le permitía dar rienda suelta a su mal humor. Ese mal hábito, adquirido a través de los años y que le servía para desahogar sus frustraciones, se vio bruscamente interrumpido, lo que sumó un motivo más para incrementar su malestar. Además, fingía ser amable y cortés, lo que le provocaba una añadida represión a su emotividad. Era como un volcán activo cuyo cráter hubiese sido taponado.

Las dificultades entre Rita y Gonzalo no se hicieron esperar. Comenzaron por pequeñas fricciones que fueron subiendo de tono, hasta que la situación amenazó con salirse de control. Por contra, las hermanas se hallaban reconciliadas, pues Bertha, perspicaz, se dio cuenta de que la vivencia de Aurora le favorecía en mucho, pues le abría y facilitaba el camino para cuando ella iniciara sus propias relaciones amorosas. Así que, más tranquila, hizo lo necesario para recuperar los buenos términos que había entre ellas. Felipe, el hermano menor, pasó de ser mero espectador a un nuevo aliado de la novedad que se vivía en casa. Dejó de molestar a sus hermanas y empezó a conducirse con un mayor sentido de independencia y madurez. El problema eran los papás, que se enfrentaban y reñían cada vez con mayor frecuencia y encono.

Los enojos contenidos de Gonzalo lo llevaron a descargar su ira con Rita, a quien acusaba de alcahueta y mala madre. Decía que no lo apoyaba y que incluso la veía contenta con lo que estaban viviendo. Su disgusto y su intransigencia estuvieron a punto de desbordarse. Antes de que eso ocurriera, Rita se convirtió en un fuerte dique que lo contuvo. Ya no estuvo dispuesta a tolerar más groserías y humillaciones. Habían sido muchas las noches de llorar a solas o de ahogar sus sollozos con la almohada. Así que… lo enfrentó. Después de años de sometimiento, no permitió que la siguiera maltratando ni tampoco a sus hijos. Gonzalo, rabioso e incrédulo, quiso reaccionar, pero la determinación de Rita lo frenó. Dejaron de hablarse y se empezó a gestar un nuevo patrón de relación.

Los tres hijos notaban sentimientos contradictorios dentro de sí. Percibían el fuerte disgusto entre sus papás, la ruptura de la comunicación entre ellos y la aparente indiferencia con que los trataba Gonzalo. A su mamá la veían más fuerte y eso los tranquilizaba, pues la sabían a favor de un esquema de convivencia más ligero y amoroso, pero no dejaba de preocuparles el hecho de que todo era incierto. Realmente no sabían qué pasaría. Quien, a pesar de todo, seguía como flotando entre nubes era Aurora. Su enamoramiento, ciego y pertinaz, no le daba reposo.

¿QUÉ PASARÍA SI RITA Y GONZALO FUERAN LOS MALACARA?
∽

Gonzalo Malacara, más que pensarlo, lo rumiaba todo el tiempo. Se sentía muy herido por la forma en que Rita había reaccionado. Él sabía que su carácter era difícil, pero se consideraba un buen esposo y padre. Trabajaba todo el día para poder satisfacer las necesidades de su familia y nadie se lo agradecía. Terminaba diciendo que todos eran unos desconsiderados. Quizá lo mejor sería poner nuevas reglas en casa y que todos se sujetaran a ellas. No le permitiría a Rita más actitudes en contra suya. ¡Qué se cree! Después de tantos años de casados le sale con que no está de acuerdo con su forma de ser. Como si en todas las familias no hubiera problemas. Además, tendría que ejercer de nuevo su autoridad de padre para no permitir que Aurora siguiera con ese noviazgo que nada más la distraía y no la llevaba a nada bueno.

Rita Malacara sabía que lo que hacía era lo correcto. No se arrepentía de ya no permitir que su marido hiciera y deshiciera a su antojo. No dejaría que continuara dirigiendo la vida de ella y la de sus hijos. Faltaba más. Todo tiene un límite. Estaba más que harta. Sabía que Gonzalo había abusado de su posición masculina, pero ahora vería de lo que era capaz ella. Le tocaba sufrir a él. En la vida pagamos nuestras malas acciones. Además, seguramente, sus hijos se pondrían de su lado. Les haría ver que tenían un mal padre.

LO QUE HACEN MAL

✦ Él

- No sabe comunicarse con Rita ni con sus hijos. Sus malestares los maneja de manera obsesiva en su cabeza y no le permiten una expresión emocional adecuada, por lo que los manifiesta de manera lastimosa con su comportamiento permanentemente hostil.

- Se siente víctima de lo que ocurre, como si él no fuera responsable de nada.

- Está descontrolado porque Rita se atrevió a cuestionarlo, y su única reacción es descalificarla, en vez de escucharla y analizar su propio comportamiento.

- Tiene una percepción demasiado favorable de sí mismo. Si bien es cierto que cumple en varios aspectos como esposo y padre, pues es un buen proveedor, falla en otros que también son fundamentales y que él desestima, como son el ser cercano y amoroso.

- Intenta tomar decisiones unilaterales que afectarían a todos, como sería el imponer nuevas reglas en casa y oponerse a la relación de su hija Aurora con su novio. No le interesa conocer los sentimientos ni las opiniones de los demás miembros de su familia.

- Está completamente bloqueado para entender, aprender y crecer a partir de las situaciones difíciles que tiene que resolver.

❧ Ella

- Aunque actúa con decisión (sentando las bases para un replanteamiento de su relación que podría ser positivo), se interesa, nada más, por buscar la venganza como una forma de "cobrarse" el mal que le ha hecho Gonzalo.

- En lugar de intentar llegar a buenos acuerdos con su cónyuge para mejorar su dinámica familiar, únicamente desea descalificarlo con sus hijos, para poder enfrentarlo desde una posición de mayor poder.

- No se da cuenta de que su anhelo de revancha dividiría a la familia en dos bandos perdedores, en virtud de que no se daría un crecimiento de ninguno de ellos, pues las confrontaciones egoístas debilitan a todos.

- Desperdicia la oportunidad de poder aprender de sí misma y de su experiencia de vida, pues considera que el único responsable de lo sucedido es su marido y no se vislumbra ninguna posibilidad de que ella asuma la parte que le corresponde.

❧ Ambos

- Están cegados por el disgusto del enfrentamiento y arrebatados por una serie de sentimientos destructivos. No saben de qué manera utilizar la experiencia dolorosa para mejorar su relación de pareja y crecer como individuos.

- No tienen conciencia de que desperdiciar una oportunidad como ésta que se les presenta ahora es perder la posibilidad de reconstruir una dinámica familiar que ha sido castrante y debilitante.

- Se muestran miopes y soberbios al asumirse lastimados injustamente por el otro, y al cancelar las posibilidades de comunicación, reconciliación y de perdón (a Gonzalo).

¿Y si fueran los Buenrostro?

❧

"Tal vez algo ande mal en mí." Así —por fin— empezó a cuestionarse *Gonzalo Buenrostro*, después de interminables días en que se había sentido incomprendido y víctima de situaciones conflictivas intolerables para él. Las nuevas circunstancias le estaban ganando la batalla.

"Estoy muy desgastado y me doy cuenta de que mi mujer y mis hijos están a disgusto. Sólo observo tensiones y malas caras. Todo el tiempo son fricciones, confrontaciones y malos ratos. O peor aún, percibo esos silencios prolongados y esas miradas dolidas que son como puñales invisibles que se asoman para herir con su desprecio. Ya me cansé. Siempre he creído que soy yo el que todo lo ha hecho bien, pero no veo más que distanciamientos y desunión. Tengo que revisar mi manera de relacionarme con ellos. A Rita ya no puedo reconocerla. Después de tantos años de convivencia, apenas ahora la percibo segura de sí misma. No es complaciente como lo era antes. Tengo que hacer algo, pues esta situación me tiene totalmente confundido. Necesito hablar con ellos y aclarar las cosas", concluía apesadumbrado Gonzalo. Por primera vez en años se permitía empezar a reconocer sus errores e intentar rectificar el camino...

Esa noche al acostarse, y antes de apagar la lamparilla de noche, Gonzalo, haciendo un verdadero esfuerzo, se dirigió a Rita para decirle que se sentía apenado por todo lo ocurrido y que no deseaba que una situación así pudiera continuar y seguir maltratando a todos en casa. Con la voz entrecortada le pidió que le ayudara y apoyara para hacerle ver lo que él tenía que ir modificando. De inmediato se empezó a respirar un nuevo clima en la habitación. La tensión se esfumó y la armonía, que se hallaba empolvada y maltrecha, mágicamente empezó a hacerse presente entre ambos.

Rita Buenrostro estaba gratamente sorprendida de sí misma. Se sentía contenta de haber confrontado a Gonzalo y de no permitirle que sus intransigencias siguieran afectando a toda la familia. Eso se acabó, de una vez y para siempre. No entendía por qué no lo había hecho antes, pero lo importante era que lo hizo y sabía que ése era el camino adecuado para buscar resolver sus diferencias. Fueron muchos años de soportar malos modos. Le costó muchísimo trabajo aprender de la experiencia de la vida. Sin embargo, lo logró, al menos en este aspecto tan fundamental de su relación. Decidió que, de ahora en adelante, continuaría esforzándose para mejorarse a sí misma y para buscar recomponer sus relaciones en casa.

LO QUE HACEN BIEN

Él

- El dolor que le produce observar la tensión en casa, y el rechazo de su familia hacia su persona, lo hacen cuestionarse a fondo y empieza a reconocer que seguramente ha cometido errores graves en el trato con Rita y con sus hijos.
- Se vuelve sensible al malestar de su familia, cuando anteriormente no era algo que le interesara ni menos le preocupara.
- Ante la percepción de un dolor interno creciente que tiende a volverse intolerable, decide llevar a cabo acciones para resolverlo de fondo, con lo que adquiere sentido el proceso que está viviendo.

- Lucha por ser más tolerante e intenta ser comprensivo. Su pensamiento es más abierto y ya no cree tener la razón en todo. Se vuelve más humano al aceptar que puede estar equivocado.

- Aunque no lo dice así, percibe la necesidad de evolucionar conforme la vida va avanzando.

- Hace un gran esfuerzo y se atreve a pedirle perdón y ayuda a Rita.

- Permite que su sentimiento de tristeza le quiebre la voz delante de Rita, con lo que da muestra de fuerza interna al no negar su emotividad.

- Al hablar con ella, logra que se rompa la tensión y surja la armonía conyugal.

❧ Ella

- Está satisfecha y contenta de la forma en que se comportó con Gonzalo, enfrentándolo con seguridad y firmeza por vez primera, para evitar que siguiera dañando a su familia.

- Es capaz de reconocer ahora su propia fuerza y de observar los buenos resultados de su uso adecuado y oportuno.

- Se respeta a sí misma y empieza a asumir una postura digna como pareja y madre.

- Aunque hace un recuento de sus experiencias anteriores en las que mostró pasividad ante sus circunstancias de vida, no se culpa por esos errores cometidos.

- Aprende de su pasado y se muestra dispuesta a no soportar más ni tolerar malos modos o actitudes agresivas.

- Decide no ser evasiva y luchar por resolver sus problemas con Gonzalo y con sus hijos.

🌿 Ambos

- No se muestran orgullosos ni buscan encontrar culpables. Anhelan transformar sus viejos patrones de relación en otros que sean saludables.
- Están dispuestos a resolver una situación que saben que los ha rebasado y los está dañando. No buscan luchar por el poder y se muestran deseosos de atender y mejorar sus interacciones familiares.
- Se dan la oportunidad de la reconciliación y de olvidar las afrentas. Son sencillos en el pensar y en el actuar.
- Saben que su buena disposición abrirá el camino para que puedan tomar las acciones que vayan resolviendo su problemática y mejorando de continuo su vida en pareja.
- Hacen del perdón un recurso inmediato en busca de una armonía que les reintegre trozos perdidos de paz interior.

EL ENOJO

Es el sentimiento desagradable con el cual estamos más familiarizados. *Prácticamente todos los días nos enojamos.* Poco o mucho. Es muy difícil tener una jornada en la que no hayamos estado expuestos a sus maltratos. A pesar de ello, poco o casi nada sabemos de él. Cómo se gesta, de qué manera —en ocasiones— es posible desactivarlo antes de que se presente y cuáles formas hay a nuestro alcance para, una vez que ya estamos atrapados en sus redes, poder expresarlo sin lastimar a nadie.

Empezaremos por decir que el enojo (y todos sus relacionados como la rabia, la ira o el coraje) *es un sentimiento derivado.* Es decir, se forma a partir de otro, al cual llamaremos *de origen*. Así, por ejemplo, si algo me produce frustración, porque no se dieron las cosas como yo lo deseaba, es probable que me enoje. De esta manera la frustración es el sentimiento de origen y el enojo, que es el derivado, se genera por la falta de expresión adecuada de mi primer sentimiento, que en este caso particular es el de frustración.

Existe una gran cantidad de *sentimientos desagradables* (de origen) presentes en nuestra vida cotidiana. Lamentablemente no los percibimos como tales (por lo cual no podemos hablar específicamente de ellos), y usualmente, de inmediato *los transformamos en enojo*. Sólo si, *a posteriori*, de manera deliberada, tomamos conciencia del sentimiento de origen generador del enojo, nos podremos dar cuenta clara de nuestro verdadero sentir.

Por otro lado, sobra decir que si ya estamos enojados, no podemos revertir el proceso. Pero sí es factible tomar conciencia de nuestro enojo y expresarlo de una manera inocua para los demás, y así *liberarnos de él sin lastimar a nadie*.

"El que se enoja pierde", dice el refrán popular con suma razón. *El que se enoja pierde el control de sí mismo*. Si nos enojamos un poco, estaremos un poco descontrolados. Si estamos muy enojados, estaremos muy descontrolados, y en esas condiciones podemos decir y hacer cosas de las que luego podríamos arrepentirnos. Un individuo furioso es capaz de agredir verbal y físicamente a otro, al grado de quitarle la vida.

En la relación de pareja son muchos los momentos en los que nos podemos enojar, *y nos hemos enojado*, con nuestro cónyuge. Nuestras mutuas diferencias nos provocan mucho malestar y es muy frecuente que caigamos en el enojo. Y lo mismo nos pasa con nuestros hijos.

En *todas* las familias hay enojos, los cuales son muy intensos debido a la cercanía emocional y a la confianza que se tiene para expresarlos, ya que los convencionalismos sociales para reprimirlos —ante la vista y probable censura de los demás— cuentan poco en estas circunstancias.

Además, nos ocurre que, enojados, *revertimos el sentido de la energía* que el otro nos genera, y por eso, mientras más amamos a alguien, más podemos aborrecerlo estando enojados. Lo que sucede es que *cambiamos el signo positivo de la relación* y de inmediato *lo convertimos en negativo* (recuerden las reacciones virulentas que podemos tener con los hijos o con el cónyuge cuando estamos enojados). Así, de mucha aceptación que sintamos por alguien, pasamos, ya enojados y fuera de control, a sentir un gran rechazo hacia esa persona, con las consecuencias nefastas por todos conocidas.

Por estos motivos, es obvio inferir que *el enojo es un elemento muy peligroso* que afecta de manera determinante las relaciones familiares, y que debe ser muy bien entendida la manera en que se forma, para que *pueda ser sometido (no reprimido) y dirigido de una manera adecuada y sana.*

Hay una infinidad de situaciones que nos pueden provocar esa pérdida de paz y tranquilidad interiores, dañando en mucho nuestras relaciones fundamentales y quitándonos el gobierno sobre nosotros mismos.

Es tarea fundamental de vida aprender las formas de intentar entrar en dominio y control de esa cotidiana y siempre ingrata experiencia.

Sin duda, el enojo es el sentimiento que trae más problemas en las relaciones de pareja. Por ello al final de este libro se le dedican muchas páginas en forma de apéndice.

CONTESTEN

(POR FAVOR, SIN ENOJARSE)

1 ¿Son enojones? No piensen mucho su respuesta, sólo contesten.

2 ¿Qué dicen sus hijos al respecto? ¿Su opinión coincide con la de ustedes?

3 ¿Son capaces de reconocer cuando están enojados, o frecuentemente niegan que lo estén, aunque otras personas se los señalen?

4 ¿Se han puesto a considerar cuáles son los aspectos que más les hacen enojar? ¿Identificarlos les ayudaría a conocerse mejor?

5 ¿Podrían decir *cuáles son los sentimientos de origen* que se encontraban presentes en esos momentos y *que fueron transformados en enojo*? Revisen la lista de sentimientos desagradables.

6 ¿Pueden analizar todo el daño que el enojo ha generado en sus relaciones familiares (con el cónyuge y con sus hijos) y con su propio bienestar?

7 ¿Se han dado cuenta de la distancia emocional que el enojo les genera con sus seres queridos?

8 ¿Creen que vale la pena vivir enojándose de manera habitual?

9 ¿Qué podrían hacer al respecto?

10 ¿Están *dispuestos a realizar el esfuerzo* que les podría mejorar su calidad de vida?

5. ENAMORAMIENTO Y DESENAMORAMIENTO
Caray, me equivoqué de pareja

Me enamoré de ti.
No lo estoy más.
Pese a ello,
siempre te amaré.

El enamoramiento genera emociones sumamente gratas e intensas, ya que altera favorablemente la percepción de la realidad. Eso hace que consideremos a nuestra pareja mucho mejor persona y más atractiva de lo que es. Sin embargo, la convivencia cotidiana va desactivando este proceso, poco a poco, hasta casi agotarlo con el paso de unos pocos años. Desconocer esta situación es sumamente peligroso, pues los cónyuges, al ver reducida su pasión por el otro y observarlo como en verdad es, pueden creer que se equivocaron en su elección.

A Marcos las dudas lo asaltaban ahora cada vez con mayor intensidad. Desde que se inició esta difícil situación por la que atravesaba, su ánimo cambiaba de manera casi dramática de un momento a otro. Jamás imaginó que pudiera ocurrirle algo parecido. Se hallaba en un continuo desasosiego. Había perdido la paz que en otros tiempos parecía ser su infalible compañera.

Él, desde muy joven, se sentía diferente a los demás y capaz de saber cuál sería su forma de conducirse en el futuro. Estaba muy seguro de ello. Por eso, cuando años después, ya casado, algunos de sus amigos le externaban que no se sentían satisfechos con su relación de pareja y que deseaban explorar nuevos caminos, él primero los censuraba y después trataba de aconsejarlos. Les decía que debían perseverar y resolver sus diferencias para que su vida conyugal se mantuviera sana. Basaba la certeza de que se sentía enamorado de Julieta, su esposa desde hacía pocos años, y no dudaba que sus decisiones y forma de ver el mundo perduraran siempre incólumes. Aseguraba que persistirían así y que el tiempo no tenía por qué modificar el amor y el compromiso de los cónyuges. Tenía razón en esa parte. Lo que de seguro ignoraba es que el enamoramiento y el amor parecen ser lo mismo, pero se cocinan aparte. Semejan ser hermanos gemelos y no son más que los extremos de un camino continuo que va de lo primitivo y esencial a lo elaborado y maduro. El primero es pasión e ilusión, egoísmo y posesión, el segundo es realidad, entrega, paciencia, tolerancia y crecimiento. De hecho, parecieran casi antagónicos.

Sin embargo, al correr del tiempo y para inquietud de Marcos, los ases que la vida lleva guardados en la manga y que de repente, sin avisar, los empieza a jugar con destreza, modificaron sus certezas de hombre joven, reflexivo y bien intencionado.

El paso terco y pertinaz de los años —percibido lento en su momento y apresurado al volver la vista atrás— fue diluyendo, sin que él se percatara, los cimientos en que se asentaban esos principios vitales, bien elaborados y en apariencia sólidos, que formaban parte esencial de su orgullo y satisfacción personales.

Como la gota de agua que golpea la piedra, hasta que un día termina por atravesarla, así la habitual paciencia de la realidad socavó su perspectiva, la aniquiló, y él reparó en ello hasta el día en que las bellas formas de la atractiva y talentosa Magdalena se atravesaron en su camino. Para ese entonces habían transcurrido siete años desde que se casó con Julieta.

Todo sucedió como es lo común, de la mano de lo inesperado, sin siquiera preverse nada.

En la empresa en la que Marcos presta sus servicios como subdirector de marca, se quedó vacante el puesto de arte y creatividad dentro de la gerencia de publicidad. El encargado de esa área recibió una buena propuesta para irse a laborar a otra compañía fuera de la ciudad y, sin pensarlo mucho, aceptó y prácticamente abandonó su empleo. Los programas de presentación de nuevos productos, algunas campañas de difusión y ciertos planes promocionales se vieron truncados de un día para otro. El área de recursos humanos de inmediato revisó su cartera de solicitudes y citó a varios aspirantes. Terminado el proceso de entrevistas y una vez que el gerente responsable y el director general dieron su visto bueno, se decidió contratar por unanimidad a una joven licenciada en comunicación egresada hacía pocos años de la universidad. Sobra decir que aceleró la resolución administrativa el hecho de que la aspirante —además de la amplia formación profesional que poseía, pues había realizado estudios de posgrado en el extranjero— era dueña de un cuerpo muy atractivo, que se complementaba con un rostro que destacaba por ser singularmente interesante y bello.

Cuando le presentaron a Magdalena, Marcos sintió una intensa energía que lo arrebató. No sólo fue su físico y personalidad lo que le atrajeron, sino algo muy superior a sus fuerzas y a su entendimiento. Parecía como si, de alguna manera, no pudiera resistirse a su influjo. Al darle la mano para saludarla, percibió su calidez y, cuando sus ojos se encontraron, sintió como si la conociera desde siempre. Además, tuvo la certeza de que a ella le ocurría el mismo fenómeno, si bien intentaba disimularlo. Ese momento no lo olvidaría nunca y marcaría su vida de una manera definitiva.

Para Marcos, las noches ya no volvieron a ser las mismas de antes. Soñaba con Magdalena y se angustiaba porque percibía que su esquema de vida en pareja se estaba resquebrajando. En medio de la noche, dejaba volar el pensamiento para imaginarse en su compañía en lugares exóticos y excitantes. Su mente no dejaba espacios vacíos. Empezaba a sudar y su corazón palpitaba con más intensidad. Pero luego cortaba su entusiasmo, pues se sabía en falta y se llenaba de culpa. Se daba cuenta de que la relación con Julieta empezaba a ser más distante conforme pasaban los días y eso le infundía mucho temor. Su confusión crecía y la arrastraba por todas partes e incluso en la oficina su comportamiento se vio alterado de manera importante. No se concentraba igual aunque, paradójicamente, su creatividad se hallaba a flor de piel y desarrollaba planes de trabajo sumamente eficaces. Su mundo afectivo estaba convulsionado y comenzó a acariciar la idea de acercarse a Magdalena fuera de las horas de oficina.

Las actividades de Magdalena en el trabajo propiciaron que Marcos y ella se vieran con cierta frecuencia. Requerían coordinarse para poner en marcha los proyectos pendientes y lo hacían con mucho agrado y destreza. Trabajaban con diligencia y después, casi sin darse cuenta, iniciaban largas pláticas que los fueron llevando a conocerse más y mejor. Lograban profundizar con suma rapidez para hablar de sí mismos, y de esta manera establecieron una amplia confianza en poco tiempo. El enamoramiento fue mutuo. Se gustaban por dentro y por fuera. Por fin, un día, Marcos la invitó a salir.

Por su parte, Julieta se inquietaba cada vez más. Notaba diferente y retraído a Marcos y extrañaba la solicitud y los cuidados que habitualmente tenía con ella. Ahora lo veía distraído y distante. Incluso cuando hacían el amor lo percibía menos pasional y gozoso. En varias ocasiones intentó aclarar las cosas, pero él se defendía diciendo que todo se debía a que tenía problemas en la oficina que lo estaban alterando. Si ella deseaba indagar un poco más, él evadía el tema, trataba de ser simpático y no la dejaba continuar. Julieta, por algunos momentos, se tranquilizaba. Sin embargo, cuando Marcos comenzó a llegar a casa más tarde de lo acostumbrado, se preocupó. No podía más que concluir que andaba con alguien. Se llenó de ansiedad, de enojo y de tristeza.

El transcurrir de los días aceleró el proceso de deterioro y angustia de Julieta. Por eso, esa larga e inquietante mañana en que su mente no le dio descanso y la forzó a cavilar obsesivamente sus problemas, decidió que lo confrontaría en la noche. No podía dejar pasar más tiempo.

Magdalena y Marcos llevaban ya dos semanas de verse casi todos los días. Tomaban café o caminaban por las calles. Sus encuentros iban creciendo en audacia y romanticismo, si bien Marcos intentaba no excederse demasiado en el tiempo que pasaban juntos para evitar los reproches o las sospechas de Julieta.

Pero, por una perturbadora maniobra de un juguetón y malicioso destino, el día en que Julieta decidió esperar a Marcos para hablar con él, coincidió con aquel en el que Magdalena, por primera vez, se había atrevido a invitarlo a cenar a su departamento. En esa ocasión, una tarde lluviosa había dado paso a una fresca y apacible noche. Marcos llegaría, ese viernes, mucho más tarde a casa de lo que siempre acostumbraba.

Durante esa velada, la luna, deslumbrante, se había hecho cómplice de la pareja clandestina, mostrándose particularmente seductora, hermoseando el entorno y llenándolo de magia. Confabulada con sus ímpetus de aventura, les facilitó el camino para romper con sus pasadas indecisiones. Marcos, muy animado, de inmediato había aceptado el ofrecimiento, llevó una botella de champán y algunos pastelillos. Magdalena preparó un sabroso platillo oriental aderezado con especias insólitas y arregló la estancia y el comedor creando una atmósfera muy sensual y estimulante, utilizando para ello tenues luces indirectas y una música pasional y deliciosa. La experiencia para ambos fue única y maravillosa. El encuentro posterior de los sedientos y anhelantes cuerpos y los fogosos detalles que lo acompañaron se pueden fácilmente imaginar…

Más tarde, ya de madrugada, al llegar a su domicilio, Marcos vio encendida la luz de su recámara. Le llamó la atención, pues Julieta tenía muy buen dormir y nunca lo esperaba despierta. Eso lo inquietó, pero continuó distraído, recordando el estupendo goce del que todos sus sentidos habían disfrutado. Al subir las escaleras sus pasos sonaron pesados y lentos. Cuando abrió la puerta de la recámara vio a Julieta, sentada en la cama con cara de pocos amigos. Sus pensamientos placenteros se esfumaron al instante y una angustia inoportuna y voraz se hizo presente en su interior.

¿QUÉ PASARÍA SI JULIETA Y MARCOS FUERAN LOS MALACARA?

છ

Cuando *Julieta Malacara* escuchó que Marcos llegaba a la casa y abría la puerta de la cochera, dejó la lectura del libro que la mantenía despierta y una rabia enorme le arrebató la aparente calma en la que se hallaba hasta hacía unos pocos instantes. Su respiración se agitó y sus manos temblaron por el disgusto, aunque ella apenas lo notó. Al entrar él, empezó a gritarle y a insultarlo. Le reclamó el abandono en que la tenía y lo acusó de engañarla con otra mujer. Estaba verdaderamente furiosa, casi irreconocible. Su enojo era tal que el descontrol la dominaba por completo. Nunca le había pasado algo semejante. Tenía mucho miedo de que su relación de pareja y su familia se vinieran abajo, pero ella no se detenía ante esta situación, sino que transformaba todos sus temores en una brutal ira que la tenía presa de una emotividad descontrolada.

Marcos Malacara salió del grato deslumbramiento en que se encontraba y, en lugar de entender lo que ocurría con su mujer, se envalentonó y comenzó a maltratarla. También alzó desmedidamente la voz y le dijo que carecía de carácter y que ya no se preocupaba por cuidar su figura y su atuendo. Le dijo que se había vuelto distante y que sólo se preocupaba por los hijos; además, la acusó de maltratarlos debido a su temperamento disparejo. Le habló del mal ejemplo que su madre fue para ella y terminó culpándose de ser un tonto por no haberse dado cuenta antes de la realidad en que vivía.

Julieta Malacara, abrumada y sorprendida, no daba crédito a lo que escuchaba. Sus ojos se cerraron involuntariamente al volverse cauces incontenibles de lágrimas de dolor. Sin duda las que más le habían dolido en su vida. Sentía como si la hubieran golpeado con un mazo. Su cuerpo, todo, se derrumbó. Después, ya no pudo responder. Una profunda tristeza la invadió. Pasados unos momentos, apagó la luz y se metió entre las sábanas con una gran angustia que carcomía su pecho y que parecía querer ahogarla. Decidió que a la mañana siguiente se iría con los niños a casa de sus papás para dar por terminada su relación con Marcos y pedirle el divorcio.

Marcos Malacara, una vez descargada su furia, percibió que su coraje se reducía en intensidad y eso le permitía estar más consciente de lo acontecido. De pronto, al contemplar a su mujer lastimada y desolada, sintió que una culpa enorme intentaba adentrarse y apoderarse de su persona. Pero su orgullo le bloqueó esa percepción. Entró al baño y, de nuevo molesto, encendió la luz y empezó a asearse sin preocuparse por el ruido que hacía. Se empezó a llenar de enojo otra vez. Al acostarse no pudo evitar darse cuenta de su falta grave, pero no le importó. Prefirió recordar los estupendos momentos vividos con Magdalena. En sus pensamientos, a ella sí la consideraba como una verdadera mujer. Además, bella, amable y, por supuesto… comprensiva.

LO QUE HACEN MAL

✍ Ella

- No percibe su descontrol y se deja llevar por la ira, convirtiéndose en una desconocida para sí misma, completamente ofuscada y agresiva.
- El enojo la rebasa, por lo que le grita e insulta a Marcos para dar salida a sus temores de ser engañada y sustituida por otra mujer.
- Aunque sus suposiciones respecto a lo ocurrido esa noche son correctas, rompe la comunicación que podría darse después de su exabrupto emocional.

- No se da cuenta de los verdaderos sentimientos que están presentes en su enojo y, por lo mismo, no puede hablar de ellos.
- Al sentirse maltratada verbalmente por Marcos, opta por abandonarse de manera definitiva a su intenso dolor y quedarse paralizada. No da tiempo a que pase el mal (terrible) momento para buscar conducirse de una forma diferente, asertiva y constructiva.
- No aclara nada con su cónyuge y decide romper su relación sin darse la oportunidad de entender lo que está pasando de fondo.

☙ Él

- Aun cometiendo una falta, evade su responsabilidad portándose de una manera desconsiderada y agresiva.
- Se deja llevar por su enojo y dice cosas que lastiman a su esposa en lo más profundo de su persona.
- Es muy orgulloso y no se permite ningún acercamiento para intentar resolver la crisis por la que atraviesan.
- Está cegado por una situación placentera que considera erróneamente que será duradera, sin darse cuenta del peligro que esto representa para la preservación de su familia.
- Supone un error su vida marital, porque el enamoramiento por Julieta se ha extinguido, y ahora lo ha sustituido por el que siente por Magdalena.
- No intenta ninguna reconciliación, ni se da el tiempo para tratar de entender lo que realmente le sucede.
- Se deja llevar por su emotividad exaltada que lo hace caer en un simple y pueril maniqueísmo donde su esposa es ahora "la mala" y su amante "la buena".

🐛 Ambos

- Son víctimas de un gran desconocimiento de su emotividad, la que los maneja como simples marionetas. De esta manera, son sus frustraciones, sus miedos reprimidos y sus enojos los que deciden su futuro; han perdido las riendas de su destino.
- Actúan de manera arrebatada y temeraria sin apreciar y valorar su actual relación ni lo que les esperaría en caso de una ruptura.
- Los dos caen: ella en la desesperación y él en la complacencia, fruto de su inconsciencia y de su incapacidad para entender lo que les ocurre y para saber encontrar posibles soluciones a sus dificultades.
- Su falta de visión a largo plazo respecto de sus problemas y de su relación los lleva a precipitarse y actuar únicamente para aliviar el dolor generado por las circunstancias que están viviendo.
- Están en la creencia falsa de que lo importante es satisfacer sus egos lastimados al precio que haya que pagar.

¿Y SI FUERAN LOS BUENROSTRO?

Desde el momento de dirigirse a casa, *Marcos Buenrostro* había notado una incómoda ambigüedad en sus sentimientos. Por una parte, salía del departamento de Magdalena con una enorme satisfacción de hombre complacido que acaba de vivir una excitante aventura amorosa y, por la otra, anidaba una inoportuna culpa que lo hacía sentir remordimientos hasta el fondo de su ser. Había roto uno de sus esquemas fundamentales de vida y su naturaleza íntima no quería dejar pasar desapercibido ese hecho. Se daba cuenta de que la estructura de sus valores se debilitaba, sobre todo por haber dejado de lado su habitual cuidado para con su pareja. Sus racionalizaciones e intentos de filosofar se veían ahora derrumbados ante el imprevisto deslumbramiento que le provocó la llegada de Magdalena. Fue sorprendido por una intensa vivencia que le pasaba una costosa y delicada factura. Además, esa noche, satisfecha plenamente su hambre de erotismo y de exploración de vida, su mente le provocó nuevos remordimientos. Éstos eran ahora con Magdalena, pues la vio como si hubiese sido un simple instrumento para lograr aplacar sus ansias de aventuras sexuales. Sabía que no quería lastimarla, pero se daba cuenta de que le estaba generando expectativas que no estaba seguro de estar dispuesto a cumplir. Al mismo tiempo, notaba claramente que su futuro y el de su familia podían verse modificados y afectados de manera definitiva.

Ya en casa, al entrar en la habitación, Julieta le reclamó airada y enojada. Dudó unos instantes y prefirió contenerse antes de reaccionar. Percibió su propio malestar y observó el de su mujer. La veía con los ojos llorosos y una mirada dolida como nunca antes. Al contemplar la escena se sintió perturbado y desorientado. Se dijo interiormente que esperaría antes de tomar alguna decisión. No deseaba perjudicar a nadie y menos a su familia. Temeroso, no supo qué hacer y prefirió permanecer en silencio, mientras su mujer lo increpaba con preguntas que él no deseaba contestar. Julieta, cansada, calló. Estaba lastimada y desgastada. Finalmente, se hizo un silencio denso y doloroso que ninguno de los dos se atrevió a romper.

Al entrar Marcos en la habitación, *Julieta Buenrostro*, decidida, aunque muy nerviosa, lo empezó a cuestionar sobre dónde había estado. Sus palabras salieron atropelladas y violentas. Él no contestaba. Tan sólo la observaba, con los ojos muy abiertos y asustados, como si lo que viera le causara asombro y una inusitada sorpresa. Ella había reflexionado mucho sobre lo que estaba pasando. Intuía claramente que su matrimonio peligraba y no estaba dispuesta a no hacer nada para rescatarlo. No entendía bien por qué se había presentado una situación así, pero sabía que tenía que hacerle frente y resolverla. Eran años de convivencia, de generar ilusiones juntos y de encarar y resolver problemas en pareja, como para abandonar todo y lanzarlo por la borda. Además, sus dos pequeños hijos dormían tranquilos en la habitación contigua, ajenos a las dificultades que ellos no estaban resolviendo. Ellos también valían mucho la pena. Algo había que hacer, por doloroso que fuera. No permitiría que todo se derrumbara. Simplemente no lo permitiría.

LO QUE HACEN BIEN

Él

- Acepta la contradicción de lo que está viviendo y reconoce que está en una situación difícil y peligrosa, con implicaciones para su porvenir y el de su familia.
- Se da cuenta de su egoísmo, pues observa que no le está importando lastimar los sentimientos de Julieta ni de Magdalena.
- A pesar de su estado de excitación pasional, es realista y no genera fantasías desbordadas con Magdalena, antes bien se preocupa por el porvenir familiar.
- Es capaz de cuestionarse a partir del dolor que observa en su cónyuge agraviada. Se muestra empático.

- Reconoce estar desconcertado, lo que lo lleva a ser prudente y detenerse en sus reacciones con su cónyuge. No se precipita y se mantiene alerta para entender lo que le está ocurriendo.
- Tiene visión de futuro y un miedo sano que le hace ver lo delicado del momento por las enormes consecuencias que puede tener para todos.

ཚྀ Ella
- A pesar de la forma abrupta y descontrolada con que le reclama a su marido su falta, Julieta se ha dado el tiempo de reflexionar al respecto para entender lo que está pasando con Marcos y tiene claro el riesgo que corre su matrimonio.
- No permite que el orgullo ni el deseo de revancha nublen su posibilidad de tomar buenas decisiones (aunque puedan ser difíciles y dolorosas) para rescatar su relación conyugal.
- No deja que el enojo eche todo a perder y se mantiene aceptablemente dueña de sí misma para poder encarar a su marido.
- Sabe que tiene que enfrentar una situación crítica y que tendrá que trabajar muy fuerte para poder resolverla, y está determinada a hacerlo.
- Valora lo que ha significado su relación de pareja y toda la energía y vivencias que ha compartido con Marcos, como para no luchar por rescatarla.
- Toma en cuenta a sus hijos como otro elemento muy importante a considerar en las circunstancias actuales, no porque quiera resolver el conflicto sólo por ellos, pero sí también por ellos.

❦ Ambos

- Se muestran sensatos y maduros, conscientes de que están dentro de un torbellino de emociones fuertes y violentas que necesitan aprender a manejar para evitar sucumbir a ellas.
- No se precipitan en sus acciones y se guardan de lastimarse. Saben que es mejor esperar un poco para vislumbrar con mayor claridad lo que requieren hacer.
- Piensan en su familia y en su patrimonio afectivo construido a través de los años. Consideran que es algo valioso que no pueden arruinar por darle salida a arrebatos irresponsables que sólo desean revanchas para satisfacer egos lastimados.
- Son comprometidos entre ellos y con su proyecto de vida, y su prioridad sigue siendo su relación de pareja y sus hijos.
- Demuestran apertura para encontrar soluciones ante lo nuevo que están viviendo y no tienen ideas preconcebidas al respecto. Dan señales claras de flexibilidad, para conseguir las formas más adecuadas de conducirse y que les favorezcan la resolución de sus dificultades.

ENAMORAMIENTO Y DESENAMORAMIENTO

❧ *El enamoramiento*

Es una atracción intensa hacia alguien en particular; un sentimiento de deseo de posesión de una persona y un impulso vehemente por satisfacerlo. Se percibe como una obsesión y una compulsión muy gratas que impulsan al sujeto a compartir el mayor tiempo posible con la persona objeto de su pretensión, tanto en el momento en que se vive, como en un futuro que no se puede imaginar más que en su compañía. La mente se complace en evocar imágenes del ser causante de su pasión y el comportamiento se vuelve caprichoso y necesariamente encaminado hacia él.

Existe una fascinación obcecada por el otro que da una certeza de estar en lo correcto en cuanto a la decisión de haberlo elegido como pareja. La obstinación y la necedad se vuelven compañeras continuas del enamorado. Además, es común que este embeleso haga que el amante muestre cierta desatención por otras áreas de su vida, o que las minimice, quitándoles importancia o abandonándolas un poco.

El enamoramiento también es una *alteración de la conciencia*. Es decir, modifica la percepción de la realidad. No permite que el sujeto vea las cosas tal cual son. El enamorado tiene la certeza de que el ser-objeto de su pasión tiene sólo buenas características y no le nota sus defectos, o tiende a menospreciarlos. Lo ve más atractivo de lo que realmente es, tanto en su aspecto físico como en su forma de ser. Además, le genera la sensación de que su capacidad de amar hubiera crecido y de que está dispuesto a tomar iniciativas y a emprender labores que con anterioridad no se permitía. Esto último es correcto, pues quien se encuentra en este estado de exaltación sí es capaz de realizar incluso proezas por la persona objeto de su interés. Con respecto a lo primero, no es que sus aptitudes o talentos se hayan incrementado de alguna manera, sino que la falta de conciencia de sus potencialidades no le permitía darse cabal cuenta de ellas. Lo que sucede —y que desconoce el enamorado— es que se han despertado sus habilidades amatorias y sus facultades para llevar a cabo una mayor y más optimista actividad personal, y lo observa todo como si fuera un elemento nuevo en su vida; para él, lleno de energía y sentido de aventura.

En el estado de enamoramiento, el sentimiento de soledad que acompaña en algunos momentos al ser humano —a pesar de vivir en contacto con otros— se percibe como si se hubiera ya anulado. Esta percepción es uno más de sus atractivos. Por eso, los enamorados disfrutan vivamente su presencia (el ego de cada cual se funde con el del otro y se expande) y, cuando tienen que separarse, se sienten como si los hubieran mutilado (el ego expandido se vuelve a reducir); pero no se sienten solos, ya que saben que su pareja los lleva en su pensar y en su sentir, de la misma forma en que ellos también lo hacen.

Ahora bien, el enamoramiento, si bien es una ilusión que se irá desactivando con el tiempo (puede tomar años), no es un espejismo. Es algo real que se vive en el presente: está lleno de misterio, de emotividad abierta y despierta, busca ocultarse de las miradas incomprensivas e indiscretas. No es buen consejo reprimirlo, porque intensifica su fuerza. Acaba con el aburrimiento e ilumina la naturaleza (el sol es más radiante, la luna más seductora, los atardeceres y las noches se vuelven inolvidables). Opaca al pesimismo y hace permanente a la primavera.

❦ *Correspondencia*

Cuando es correspondido, es decir, que la persona objeto del anhelo reacciona favorablemente al solicitante, produce una sensación sumamente grata en el enamorado. Su ego se expande, se siente más importante y percibe en su interior una gran exaltación, que le hace dar un mayor y renovado sentido a su vida. Es posible también que se aprecie el futuro con mayor optimismo. Pareciera que todo adquiriera color y alegría. Es una bella ilusión. En cambio, cuando no es correspondido, el sujeto sufre y se obsesiona con obtener la deseada respuesta a sus demandas.

❧ *Permanencia en el tiempo*

Mientras perdura, el sujeto se siente dichoso cuando está cerca del ser amado y ansiando su presencia cuando está lejos de él. El enamoramiento se alimenta de la fantasía y de permitirse observar tan sólo una parte de la realidad, la que le es favorable y que, previamente, enalteció y embelleció.

Cuando los enamorados deciden compartir sus vidas y comienza a darse un trato constante entre ellos, *el enamoramiento va, poco a poco, desapareciendo,* pues ya cumplió su función de formación e integración de la pareja. Por eso es muy importante que se vaya sustituyendo, en la misma medida, por un genuino amor (ya no iluso, sino real, comprometido y constructivo), ya que de otra manera, al esfumarse, no quedará ningún vínculo que una a la pareja ya desenamorada.

❧ *El romanticismo*

Aunque la convivencia haga que los individuos se vayan desenamorando con el tiempo, eso no quiere decir que necesariamente se pierda el romanticismo en la pareja. Simplemente estarán conscientes de su realidad y, a partir de ella, tomarán las decisiones que les parezcan mejor, como pueden ser las de continuar (o no) siendo románticos, atentos y detallistas.

❧ *Sentido del enamoramiento*

La pareja humana es la responsable de la preservación de la especie mediante la procreación y educación de los hijos. El enamoramiento estimula la unión de hombre y mujer para este fin. A causa de él, muchas parejas enamoradas deciden formalizar su relación, casarse o vivir juntos y tener hijos. Crean una estructura: la familia tradicional. Otras, como fruto de su pasión llegan a tener hijos (deseados o no), pero no establecen una relación formal de convivencia cotidiana. En estos casos, los niños usualmente son criados sólo por la madre.

♣ Confusión

Al enamoramiento se le confunde con el amor. Pero son dos cosas diferentes. El primero es un señuelo, una forma de seducción para cautivar a las parejas y llevarlas a tomar la decisión de compartir sus vidas. El amor, en cambio, es un vínculo real y profundo que une a las personas y que implica aceptación, tolerancia, entrega y un compromiso genuino de vida. Se puede dar en cualquier tipo de relación, no sólo en la pareja.

♣ Peligrosidad

Ignorar, o no tomar en cuenta que *el desenamoramiento es un proceso natural y sano que se presenta en todas las parejas que conviven*, es muy peligroso para el futuro y permanencia de la relación, pues en un momento dado puede presentarse un tercer sujeto cerca de la pareja ya desenamorada y generar esa pasión en uno de sus miembros. Cuando esto sucede, el recién —otra vez— enamorado puede creer que equivocó su decisión de compartir su vida con alguien y buscar romper ese vínculo previo, para establecer otro con el recién llegado (que seguramente le está generando de nuevo esa tan agradable sensación de plenitud).

Por eso, como se ha dicho, *es fundamental entender estos procesos* para poder actuar con base en los mejores intereses y conveniencias personales y de la pareja.

♣ Las dudas

El que está verdaderamente enamorado no duda si lo está o no. Un enamorado dudoso en realidad no está enamorado. En cambio, en las genuinas relaciones amorosas, las dudas *sí* llegan a formar parte de su propio desarrollo. El agobio y la eterna debilidad de la condición humana pueden hacer que los sujetos, en determinado momento, se cuestionen y no tengan la certeza de sus decisiones de vida más profundas. Ocurre con frecuencia. Lo importante es seguir andando el camino trazado, para que la percepción recobre objetividad y se puedan esperar vientos mejores.

♣ *El caso de Marcos*

El hecho de que Marcos negara siquiera la posibilidad de que su relación con Julieta se pudiera ver amenazada algún día, hace que se descuide y no esté alerta para prevenir que eso pudiera ocurrirle. A todos puede pasarnos. Le faltó recordar que algunas de las características más comunes que llegan a presentar los seres humanos son el quebranto y la falibilidad.

Además, aunque haya establecido una genuina relación amorosa con Julieta, no por eso está inmune a un nuevo enamoramiento. Saber y *aceptar* que esto llega a suceder podrá prevenir decisiones emocionales perjudiciales para el núcleo familiar.

Cuestionario para identificar
de qué manera les ha ocurrido a ustedes

No comentar las respuestas (sólo para reflexión y conocimiento individual)

1 ¿Qué tan enamorado te casaste o te uniste a tu pareja? ¿Qué detalles recuerdas de tu relación que puedan dar cuenta de tu grado de enamoramiento al momento de tu unión?

2 ¿Logras identificar algunos signos que muestren el proceso de desenamoramiento en ti y en tu pareja?

3 ¿Realmente sabías que el desenamoramiento se da en todos los casos de convivencia, y que eso es bueno para la relación porque permite transformarla en algo verdaderamente sólido y duradero?

4 ¿Distingues con claridad las diferencias entre el amor y el enamoramiento?

5 ¿Has sabido establecer auténticos lazos amorosos con tu pareja, que hablen de tu compromiso, tu tolerancia y tu capacidad de perdón?

6 ¿Reconoces que dudar de tu elección de pareja, en algún momento dado, es parte de la condición humana que nos iguala a todos?

6. EL ABURRIMIENTO Y EL ABANDONO
Lo mismo de siempre

> *Siempre lo mismo.*
> *Pareciera que por más*
> *que nos esforzáramos,*
> *siempre tiene que ser lo mismo.*
> *Las mismas reacciones,*
> *los mismos enojos y*
> *hasta las mismas alegrías.*
> *La misma mismidad de siempre*
> *que no se agota ni en sí misma.*

Los cónyuges pueden caer en rutinas familiares que desvitalicen su relación y que los hagan sentirse menos entusiasmados por su pareja. La relación puede atascarse y no crecer ni evolucionar. Es necesario que estén atentos a lo que va ocurriendo en su vida, para que establezcan formas de convivencia y actividades que fortalezcan sus lazos de unión.

Después de más de diez años de casados, Bernardo y Claudia se conocían muy bien. Tan bien, que un gesto de cualquiera de los dos, una palabra airada, una actitud hosca, una sonrisa discreta, un silencio prolongado o una mirada perdida generalmente eran interpretados correctamente por el otro. Muy pocas veces se equivocaban. Se sabían en sus actuares y respuestas, aunque, bien a bien, no se comprendieran. Eran capaces de conocer los desenlaces no sólo de sus malos momentos, sino también de sus buenos ratos. Cuando se enojaban, intuían su manera de reaccionar y hasta adivinaban con precisión —por haberse repetido múltiples veces— sus formas de reconciliación. A pesar de ello, volvían a emplear los mismos patrones casi de manera ilimitada. Saber lo que ocurriría en su convivencia les daba un cierto sentimiento de seguridad y no se sentían amenazados, pero también, cada vez más, empezaba a generarles cansancio y aburrimiento.

En el plano físico les ocurría algo similar. Conocían de memoria cada llanura, cada redondez, cada recoveco del cuerpo junto al cual dormían desde hacía ya mucho tiempo. Los olores y las excitaciones, la textura del cabello, las caras somnolientas, los ojos legañosos, los rostros deslavados, las manos partidas, los maquillajes cotidianos, todo eso formaba parte de su universo común y era bien aceptado por los dos. Sin embargo, eso tan conocido y amado empezaba a ser causa de agotamiento. Percibían siempre lo mismo.

Sus vidas, en determinados momentos, carecían de fuerza y de viveza. Era como si se hubieran erosionado por la fatiga que les provocaban sus iguales y repetidas riñas, aplacadas, mas no resueltas. Los dos habían decidido, de manera paulatina y con el paso del tiempo —ciertamente de manera equívoca—, evadir las confrontaciones. De ese modo, pensaban, se evitaban la inútil representación de una escena repetitiva que nada más los lastimaba y desgastaba. Por eso, en muchas ocasiones, cuando no estaban de acuerdo con algo, preferían aguantarse, reprimir ese sentir incómodo y hacer como si nada pasara. Prendían la televisión y ahogaban sus malos ratos observando los problemas que agobiaban al mundo o viendo alguna serie que los entretuviera. Las horas corrían ligeras y al final quedaban en el olvido los disgustos, al igual que ese cúmulo de imágenes diversas y absorbentes que les servían sólo como escape de su incómoda realidad. Con esta forma de reaccionar le habían quitado sentido a su relación. Ya no era fuente de diálogo y crecimiento. Era nada más un convivir con medianías, sofocante a veces y gris la mayor parte del tiempo.

La costumbre los había convertido en una pareja que aparentaba no tener problemas. La realidad era que estaban sorprendidos porque su relación se había deteriorado y los llevó a andar caminos separados, que ya no recorrían tomados de la mano. No percibieron el desgaste sutil hasta que notaron la falta de energía y de interés en los asuntos que antes los unían. Sus vidas eran como las vías del tren, que nunca se tocan.

Semanas atrás, sin mediar ningún evento específico, Bernardo se había sentido cansado y desanimado. Estaba muy desconcertado, pues su actuar profesional era notable por su empuje y dinamismo que muchos apreciaban y que ahora él percibía deteriorado. Su mente no se concentraba como deseaba y creyó tener algún problema físico, por lo que concertó una cita con el médico.

Después de revisar el cúmulo de resultados de pruebas de laboratorio y estudios que le practicaron, el especialista no le encontró ningún daño en el organismo. Le explicó que todo estaba en orden, y que seguramente las tensiones generadas por el trabajo lo tenían agotado, por lo que le recetó unas vitaminas, un poco de ejercicio y unas buenas vacaciones, y lo despachó a casa con una sonrisa. Además le pidió que se relajara, como si esto último fuera tan sencillo y se pudiera lograr con sólo desearlo. Bernardo se sintió algo defraudado, pues hubiera preferido que alguna enfermedad menor se le hubiera diagnosticado como causante de sus males. Así, pensaba, en unos cuantos días, tomando una medicina ligera que no tuviera ningún efecto secundario, se recuperaría y retornaría a su buen estado anterior. Pero no fue así y se tuvo que ir con una gran indefinición con lo que le ocurría. Salió de la cita más angustiado de lo que ya estaba.

Los hábitos de Bernardo no cambiaron de manera significativa. Si bien es cierto que ahora se levantaba veinte minutos antes para salir a trotar en el pequeño jardín trasero de su casa, lo demás continuaba igual. Las cápsulas que le recetaron le mejoraron un poco su capacidad de trabajo y su ánimo, pero el problema de fondo no se resolvía. El hecho de no sentirse recuperado del todo fue aumentando su tensión y, al poco tiempo, los escasos peldaños que había subido en cuanto a su bienestar personal, los descendió con un temor y una preocupación aún mayores.

Claudia, por su parte, no le daba importancia al hecho de ver a su marido tan mortificado. Suponía que se trataba de un problema pequeño, una simple crisis de la edad y algo de hipocondria heredada y recurrente. Por eso no le seguía el juego y en algunas ocasiones lograba tranquilizar a Bernardo. En cambio, en otras, menos exitosas, sólo provocaba su frustración y enojo, lo que les hacía pensar a ambos que nunca serían capaces de comprenderse.

Pero no todo era lamentable —para fortuna y alegría de ambos—: las rutinas con los hijos, pequeños y divertidos, aligeraban el paso de su cotidianeidad. Ellos, al contrario de sus papás, sí se mostraban vitales y cambiaban de rutinas continuamente. Crecían, se inconformaban, repelaban y cada vez pedían más y nuevos espacios. De esta manera, factores como la escuela, los amigos y las constantes salidas a pasear dinamizaban y daban vigor a la vida familiar. Le daban color. Los grises les pertenecían en exclusividad a ellos dos. No habían sabido subir el tono de una relación que decaía poco a poco, de forma casi imperceptible. La repetición de lo mismo, cotidianamente, y su falta de reconocimiento de lo que ocurría con su propia realidad, aunada a su falta de creatividad, los tenía atrapados. Ellos, tristemente, sólo notaban los ingratos efectos, poco o nada sabían de las causas.

A pesar de todas estas circunstancias, en el caso de Claudia, su habitual buen talante y su visión positiva de la vida le favorecían llevar a cabo tanto sus labores de casa como las profesionales de manera más que airosa. Además, esa sonrisa natural que le acompañaba siempre añadía frescura y hermosura a su rostro de por sí interesante. Pero esa misma visión optimista de la vida que le ayudaba a minimizar los malos ratos la alejaba de la parte ingrata de su personalidad, dificultándole poder observar sus propias carencias y los malos desempeños de su actuar. Se percibía de manera muy favorable y sólo veía con claridad las fallas de Bernardo. Las que le correspondían estaban muy celosamente guardadas por esa fachada de permanente ventura y satisfacción que, aunque estaba destinada a los demás, terminaba por confundirla a ella misma. A fuerza de no querer observar sus defectos, por el dolor que pudiera producirle reconocerlos, había generado una verdad a medias que le impedía el real autoconocimiento. No le era fácil aceptarse tal cual era.

Una desafortunada tarde, Bernardo decidió salir más temprano de la oficina e irse a casa. No se sentía bien. De forma súbita, la cabeza le había comenzado a dar vueltas y se sintió mareado. La sensación le incomodó más de lo usual, pues en otras ocasiones desaparecía con cierta rapidez. Como llegaba, así se iba. Ahora, en cambio, parecía como si él mismo estuviera amplificando su propio malestar. Como si deseara sentirse mal y no quisiera permitirle a su organismo su pronta recuperación. Y en su creciente ansiedad provocaba que la molestia se incrementara hasta convertirse en una indisposición que lo invalidaba. En el fondo se sentía solo y deseaba una atención amorosa, genuina y profunda, de la que carecía desde hacía tiempo. Sin embargo, Bernardo no estaba muy consciente de que esto realmente le estuviera sucediendo.

Se dirigió al estacionamiento, tomó su auto y comenzó a manejar, despacio y lleno de miedos, por el temor de que pudiera tener un accidente. No ocurrió nada, hasta llegar a casa. Ahí, de la manera más absurda, se tropezó con una manguera del jardín y cayó sobre unos matorrales. Quedó todo arañado, lleno de lodo y con la figura descompuesta. Lo lamentable fue que, al caer y poner la mano para protegerse del golpe, se le fracturó la muñeca. El dolor fue muy intenso. Gritó y gritó, pero no encontraba respuesta. Claudia, quien se hallaba departiendo con unas amigas, tenía la música a alto volumen y entre risas y comentarios no escuchaba nada de lo que sucedía afuera. Pasaron varios minutos antes de que uno de sus hijos oyera su llamado y le avisara a su mamá.

Después del desconcierto inicial, Claudia salió corriendo para encontrar tirado y en estado lamentable a su marido. Lo que vio la horrorizó. Estaba en el suelo, con el saco sucio y roto, y la corbata torcida. Su cara dolida gesticulaba una mueca grotesca. Sin embargo, lo que ella no notó, pues estaba oculto en la mente y el alma de su pareja, era todavía más lamentable. Bernardo estaba muy afectado emocionalmente y sentía un gran rencor y animadversión hacia ella. La culpabilizaba de todos sus males y, por supuesto, no estaba dispuesto a perdonar ni a olvidar.

¿Qué pasaría si Claudia y Bernardo fueran los Malacara?

❧

Claudia Malacara se sentía muy molesta y estaba cada vez más enojada. No entendía a su marido y ya estaba harta. El día de la caída en el jardín lo atendió con rapidez y efectividad, y lo llevó al hospital; no obtuvo de él más que gestos desagradables y reproches. Era la gota que derramaba el vaso. Siempre lo mismo. Sólo lo veía con malas caras, quejándose de todo y refugiándose en la dichosa televisión. Apenas llegaba a casa en la noche, lo primero que hacía era prenderla y poner sus noticias o el infaltable futbol. Harta era poco, se hallaba más que fastidiada y a punto de explotar. Ya ni en la cama disfrutaba. Tenían relaciones sexuales muy de vez en cuando, de carrerita, sin mayor pasión o entrega, y parecía que sólo como una abandonada rutina que debe ser atendida por un absurdo compromiso. Lo económico era lo único que había evitado que tomara una decisión más radical, como la de separarse o divorciarse. ¡Qué caso tiene vivir con alguien que no se comunica ni tiene interés en resolver la problemática por la que atravesamos! ¡Carajo! Esto se acabaría de una vez y para siempre, decidió con enojo.

El traje destrozado, la mano inutilizada por al menos dos meses y la frialdad de Claudia, aunado a la incertidumbre de sus malestares físicos sin diagnóstico certero, llevaron a *Bernardo Malacara* a sentirse verdaderamente desesperado. No sabía cómo proceder. Se sentía solo e incomprendido. Con frecuencia recordaba con tristeza los buenos tiempos de su relación, cuando todo parecía ir sobre ruedas. Sabía que eso no se repetiría. No con la nueva Claudia, de quien se sentía muy decepcionado. Su vida en pareja era ahora un verdadero fracaso. ¡Carajo!

☙ Ella

• Le atribuye todos sus malestares a Bernardo, no dándose el tiempo ni la oportunidad de observarse y cuestionarse a sí misma.

• Se desespera, pero no hace nada concreto para intentar resolver la mala situación por la que atraviesan.

• Acusa a su marido de no comunicarse, pero ella tampoco lo hace. Es tan evasiva como él.

• Le da prioridad al aspecto económico por sobre todos los demás. Se mantiene aparentemente estable y satisfecha por tener resueltas sus necesidades materiales, aunque en realidad está decepcionada de su vida conyugal.

• Sólo porque se encuentra desesperada, harta y aburrida de su relación es que se anima a tomar medidas al respecto. Medidas que, por extremas, le alterarán permanente e ingratamente la vida.

• Desea la separación o el divorcio sin darse la oportunidad de entender lo que está ocurriendo para, dado el caso, cuando menos, aprender algo de esa experiencia dolorosa.

• Se atreve a tomar decisiones fundamentales de vida (como es la ruptura de su relación conyugal), alterada y descontrolada por su emotividad.

☙ Él

• No sabe identificar la verdadera fuente de sus malestares, pues no se percata de que vive lleno de carencias afectivas y de vacíos emocionales que le están afectando su organismo.

- No reconoce en esos síntomas las señales insistentes para que tome conciencia de esas necesidades básicas y pueda hacer lo necesario para satisfacerlas.
- Por lo mismo, quiere atribuirle el origen de todas sus dificultades a una cuestión de tipo físico (porque le es más fácil así), optando sólo por lo conocido para él.
- Por el temor de aceptar errores, evita enfrentarse consigo mismo y con su cónyuge, además de que no resuelve las dificultades que observa en su relación de pareja.
- No busca solucionar sus conflictos y diferencias con Claudia. Opta por eludirlos, para después rumiarlos y victimizarse.
- Da pie a la desesperanza, sin luchar para salir adelante. Se derrota solo.
- Maldice su destino, reduciéndose a un simple espectador pasivo de lo que le ocurre.
- Descarga toda la responsabilidad en Claudia, como si él estuviera libre de cualquier obligación.

❦ Ambos

- Se convirtieron en una pareja de apariencias. Se manejan socialmente muy bien para hacer creer a los demás que su relación se encuentra en buenos términos, aunque en realidad se hallan separados afectivamente y se sienten solos.
- Han evitado enfrentar sus conflictos y dificultades optando por reprimir sus disgustos. De esta manera, le han quitado el sentido de crecimiento y aprendizaje que toda relación cercana tiene, además de que les genera fastidio e incomprensión permanentes.

- No saben resolver sus dificultades, únicamente se exaltan, despotrican contra el otro y buscan tomar medidas radicales que hablan de su desconocimiento de lo que ocurre con su relación y de la impotencia para poder atenderla como se debiera.
- Son orgullosos, pues no se ponen a considerar que hayan podido equivocarse. Simplemente se suponen acertados en su forma de conducirse, pero incomprendidos y víctimas del mal cónyuge que les tocó en suerte.

¿Y SI FUERAN LOS BUENROSTRO?

Claudia Buenrostro se asustó. Fue como si un velo que obstaculizara su apreciación de la realidad de pronto se desvaneciera y le permitiera ver lo que sucedía. Advertir a Bernardo en esas pésimas condiciones la puso a pensar. Decidió que era importante, por el bien de su matrimonio, hacer algo para resolver las cosas de fondo. Por primera vez, realmente se preocupó. Un temor insistente le hablaba al oído y le repetía que la desidia tenía que irse a casa, para dar entrada a acciones que realmente reflejaran compromiso. Esa noche, después de ir al hospital y pasar varias horas esperando a que terminaran de atender a su marido, no pudo dormir. Sólo lo hizo por periodos cortos y agitados. Se daba cuenta de que la situación había llegado a un punto en que si no la atendían debidamente, algo grave podría pasar. Decidió actuar. Se percataba de que su comportamiento había tenido mucho de inmadurez y revanchismo. No escuchaba a Bernardo ni lo atendía debidamente y, en su interior, se burlaba de él. Seguramente debía sentirse muy incomprendido. Observaba cómo lo había ido descalificando. No tomaba en serio su malestar por considerar que estaba exagerando. El rostro de Claudia, angustiado y desencajado, dejó ver por momentos unas pequeñas lágrimas que escurrieron con lentitud y que desaparecieron en cuanto las borró con el pañuelo. Lo que no quiso suprimir artificialmente fue el dolor que le generaba su nueva visión ante lo que pasaba en su vida.

Esa dolorosa mañana en que escuchaba los quejidos de su marido y su respiración irregular, decidió que buscaría en el transcurso del día el mejor momento para hablar con él y comenzar a resolver sus diferencias. El miedo de ver fracturada su relación la había decidido a cambiar de actitud. No descansaría hasta que recuperaran la alegría y la buena comunicación de sus inicios como pareja.

Mientras estaba recostado, con la mano adolorida y era atendido en el pequeño cubículo del hospital, *Bernardo Buenrostro* empezó a reconsiderar su actitud. Se culpó por lo que le había ocurrido y se pudo observar infantil y exagerado con la problemática que vivía. Podía apreciar que estaba demasiado centrado en sí mismo y que tenía a sus hijos y a Claudia en una posición emocionalmente distante, como si los tuviera que atender tan sólo por compromiso. Le dolió darse cuenta de su egoísmo y se avergonzó. Él, que siempre se había considerado como un buen esposo y padre, se hallaba por primera vez mortificado por su propio desempeño, cansado quizá de culpar a los demás de sus incomodidades y dificultades. Cuando la enfermera se alejó y se quedó verdaderamente a solas, agachó la cabeza y no pudo reprimir el dolor que le producía tomar nota de sus carencias humanas. Su pecho se agitó por unos breves segundos y algunos débiles sollozos se escucharon apenas. Oyó que la puerta se abría y cuando pudo levantar la mirada observó unos ojos familiares y extraños a la vez… los ojos afligidos de su esposa.

Lo que hacen bien

Ella

- Observa lo que realmente está ocurriendo con Bernardo y con su relación de pareja. Se da cuenta de lo desleal que ha sido con él, al descalificarlo de manera constante sin siquiera advertírselo.
- Reconoce omisiones y errores que ha cometido por su superficialidad y falta de compromiso hacia su cónyuge.
- Comienza a sentir empatía por Bernardo. Después de mucho tiempo rescata el aprecio afectivo por su pareja.
- Acepta que no ha obrado con madurez y responsabilidad para resolver los problemas de su matrimonio.
- Decide actuar para atender de inmediato el deterioro de su situación conyugal. No admite mostrarse indecisa o frágil para resolver las cosas, sino determinada y fortalecida.
- No se lamenta por lo que sucede o por las fallas que ambos han cometido. Se percata de su realidad y genera auténticos deseos de mejoría y superación propias.
- Se permite sentir y expresar su dolor por lo que ocurre. Las lágrimas que derrama son muestra de una mujer fuerte que es capaz de saberse humana y falible.
- No busca culpables, como lo hacía antes de manera invariable. Ahora anhela encontrar soluciones que los beneficien a ambos.

Él

- Da pie a reconocer sus errores, olvidándose de responsabilizar a su mala suerte o a Claudia de lo que le pasa.

- Observa su propia inmadurez y la penosa forma en que ha amplificado y exagerado sus reacciones ante los problemas que supone lo acosan.

- Se muestra adolorido por lo sucedido, sin desesperarse ni inculparse por sus fallas, pero sí responsabilizándose de ellas.

- Externa su sentir, sollozando a solas en el hospital, dándose oportunidad de expresar su dolor durante tanto tiempo reprimido.

- Da muestras de querer resolver su problemática recurriendo a la única salida real que tiene a la mano, la de cambiar él mismo.

- No se impacienta ni se pasma. Decide tomar acciones inmediatas que le permitan recuperar los lazos emocionales rotos por su negligencia.

Ambos

- Utilizan el dolor que les produce el momento para tomar nota de sus fallas y carencias personales. No buscan inculpar a su cónyuge.

- La alarma que les provoca esta situación los lleva a darse cuenta de la urgente necesidad de atender su relación de pareja. Perciben no sólo el lamentable abandono en que la han tenido, sino también la manera en que les ha influido negativamente a cada cual en lo personal.

- Al apreciar sus omisiones y errores se permiten sentir la tristeza que observar esto les provoca. Pueden dar salida franca a su dolor que se hallaba engañosamente contenido. Se dan la oportunidad de llorar para poder desahogarse y encontrar algo de consuelo.
- Deciden actuar para resolver sus dificultades. No quieren continuar con una cómoda pasividad que solamente los ha empobrecido.

EL ABANDONO Y EL ABURRIMIENTO

♣ *Lo esperable*

Ninguna pareja que se casa enamorada piensa que llegará un día en que su relación pueda cansarla. Pero eso, con el transcurrir del tiempo, puede ocurrir. De hecho sucede con frecuencia. La repetición de las rutinas nos puede llevar a perder el gusto por la sencillez de la cotidianeidad. Se pierde la frescura de los acontecimientos, nos llegamos a cansar de ellos; el día a día tiene ese defecto, se puede volver tedioso. Se presenta un cansancio de repetir y repetir cualquier vivencia, por interesante que pueda ser. Pareciera que, como siempre es lo mismo, no pudiéramos ya ver lo agradable de algo. El entorno no parece renovarse, pero nuestros ojos tampoco.

El mundo contemporáneo se ha vuelto vertiginoso. No da reposo. Está lleno de estímulos y actividades excitantes. Se ha quebrantado en mucho la visión y valorización de lo cotidiano y tranquilo. Se prefieren las emociones fuertes. De ahí que, aunado este deseo de frenesí y cambio al cansancio generado por la monotonía, en algún momento de su relación los cónyuges puedan sentirse cansados o aburridos de su pareja, o bien de su vida familiar en su conjunto. Es esperable que así pase, aunque esto no sea alarmante en sí mismo. En cualquier actividad humana se puede presentar una situación de este tipo. Lo *lamentable* es que no sepamos lo que está ocurriendo y hagamos generalizaciones superficiales que nos hagan pensar que todo está mal en nuestras relaciones familiares y, debido a ello, busquemos *abortar* valiosos proyectos de vida.

❧ El cansancio

Cansarse de algo o de alguien no es una condena, es una manifestación del destino. Es parte de la vida humana, por las carencias y exigencias que invariablemente conlleva. La plena satisfacción interna es un sano anhelo que sólo se obtiene por momentos, siempre gratos, mas siempre pasajeros. No es, en ningún caso, realmente duradera. Sin embargo, de nuestra visión del mundo y de la forma de conducirnos en él, más que de las vivencias que nos toque enfrentar, dependerá que podamos acceder a ella (y no al revés, como muchos podríamos suponer de forma errónea).

Con suma frecuencia nuestra miopía (o ceguera) no nos deja ver lo renovado y bello de las personas y los espacios que nos rodean. Así, por ejemplo, dejamos de apreciar la belleza del mar, de los atardeceres magníficos, de la presencia de la luna o del simple paisaje urbano, porque en nuestro correr de cada día no nos damos el tiempo para apreciarlos, o ni siquiera sabemos cómo hacer eso. Y así como nos ocurre con la naturaleza y el entorno, nos sucede también, y de manera más dramática, con las relaciones humanas. *La presencia de nuestra pareja e hijos no la apreciamos habitualmente.* Hemos perdido la capacidad de deleitarnos con el simple compartir las actividades normales de cada día que, aunque puedan generarnos problemas, son motor y gozo de la existencia. Ese observar amoroso, que nos caracterizaba cuando nos deteníamos a ver y disfrutar a nuestros hijos pequeñitos, se ha quedado empañado y olvidado. Lo que nos provoca daño es que no nos damos cabal cuenta de que nosotros generamos esa percepción indiferente o ingrata y, claro, no podemos deshacernos de ella. Además, tampoco nos hemos percatado de que *es nuestra responsabilidad renovar nuestra cotidianeidad* mediante la inyección de actividades alegres, creativas y hasta sorpresivas a la dinámica familiar.

☙ *¿Qué es lo que le da vitalidad a las relaciones?*

En primer lugar, que tengamos la capacidad de apreciar y disfrutar lo grato del trato cotidiano. Es necesario aprender a observar las cosas sencillas de la vida. De esta manera, la persona se sentirá *satisfecha con lo que tiene* y lo podrá valorar y hasta saborear, sin que por ello desconozca que tendrá de continuo dificultades que deberá enfrentar y resolver. Aceptará que en la vida los buenos momentos se alternan con otros que no lo son tanto. Si no lo hace así, estará, nada más, en espera de experiencias intensas, externas al hogar, que sean excitantes y novedosas para poderse procurar momentos placenteros que confundirá, usualmente, con su necesidad de armonía interna.

En segundo lugar, aceptar, enfrentar y *resolver de forma adecuada* los conflictos y las diferencias que en todas las relaciones conyugales y familiares se presentan. La única posibilidad de crecimiento personal que tenemos los seres humanos es a partir del otro, del prójimo, que nos cuestiona y nos muestra puntos de vista distintos a los nuestros. Puede ser muy grato que alguien nos diga que está de acuerdo con nosotros, pero, *¿qué podríamos aprender del que piensa igual que uno?* De ahí que, cuando los cónyuges optan por otro camino y, en lugar de enfrentarlos y resolverlos, evaden sus conflictos, la relación entre ellos se va desvitalizando poco a poco, hasta convertirlos en verdaderos extraños. Le quitan el *sentido de crecimiento* que todas las relaciones tienen (no importa de qué tipo sean). En estos casos, el futuro de la pareja se ve seriamente comprometido.

Las relaciones en las que se da *una comunicación* que permite y favorece la *expresión adecuada y respetuosa de los pensamientos y sentimientos* de cada cual serán siempre vitales. En ellas se produce el encuentro de dos visiones diversas que terminan por comprenderse (por supuesto, siempre y cuando ambas partes muestren apertura y disposición de entendimiento). De ese proceso surge la ampliación de la visión personal de la realidad humana y, por lo mismo, *la posibilidad de aprendizaje, de desarrollo y de evolución personales.* Y, dado que las personas somos seres inacabados y tenemos la necesidad de aprender y crecer desde que nacemos hasta que morimos (seamos capaces de reconocerlo o no), las relaciones constructivas gozarán, en todos los casos, de salud permanente.

❧ *Creatividad y espontaneidad*
Se ha mencionado que las relaciones familiares exigen de nosotros que podamos renovarlas *cambiando de manera creativa algunas rutinas.* Los enemigos a vencer serán, sin duda, la televisión, el internet y los videojuegos.

El primero de ellos seduce a toda la familia, desde los más pequeños hasta los mayores. Produce una rutina en que los espectadores se divierten, pero raramente interactúan entre ellos. El estímulo para prender y ver la televisión llega a limitar de modo importante la comunicación familiar y puede hacer rígidas las actividades del hogar. Los otros dos pasatiempos pueden absorber gran parte del tiempo, sobre todo de los niños y los jóvenes. Buscar que padres e hijos participen en actividades comunes, aunque sea de manera ocasional, puede vigorizar en mucho la dinámica interna de la familia. Es una labor difícil de implementar, pero que, indudablemente, vale la pena que se lleve a cabo. El mayor problema para poderlo concretar puede ser que los primeros opositores para que esto ocurra sean los mismos padres, que no quieran modificar sus propios hábitos de distracción.

✤ *"Nadie sabe lo que tiene hasta que lo ve perdido"*
Esta sabia afirmación nos habla de que cuando perdemos la salud, el trabajo o la compañía de los seres queridos y nos encontramos solos, evocamos con nostalgia y tristeza lo que teníamos y que no apreciábamos en su momento.

Sin embargo, *podríamos intentar ser más listos que la vida* y adelantársele un poco, no esperando para disfrutar algo de la necesidad de haberlo perdido. Por ejemplo: apreciar y gozar la salud en la salud y no esperar la enfermedad para valorarla. De igual manera, *podemos aprender a disfrutar a nuestros seres más queridos* (o que debieran ser los más queridos) cuando todavía contamos con ellos.

¿Realmente están muy cansados para contestar?

1. ¿Te cuesta trabajo aceptar que la vida humana es una ineludible alternancia de buenos y malos momentos y que, por lo mismo, no permite la plena satisfacción de forma permanente?

2. ¿Qué situaciones de tu vida en familia no te gustan, te aburren o te cansan más?

3. ¿Sabes disfrutar la presencia de tu cónyuge e hijos, o te has dejado envolver por la rutina que sólo produce agobio? ¿Ya no aprecias tu cotidianeidad?

4. ¿Cuando tienes diferencias con tu pareja e hijos, sabes enfrentarlas en paz y de manera positiva y constructiva, o tan sólo te enojas y descalificas a los demás?

5. ¿Evades o pospones la atención y resolución de los problemas que de continuo se presentan en casa?

6. ¿Has podido aprender algo de la diferente forma de ser de algún miembro de tu familia? ¿Cómo le has hecho?

7. ¿Ejerces en ocasiones tu creatividad, para inyectarle nuevas energías a la dinámica familiar?

8. ¿Realmente valoras lo que tienes, empezando por tus seres queridos?

9. ¿Cómo te gustaría que fuera la interacción al interior de tu familia?

10. ¿Qué haces para lograrlo?

7. EL ACOMPAÑAMIENTO Y LA AMISTAD
Hoy por mí, mañana por ti

> *Hacer del cónyuge*
> *tu constante*
> *mejor amigo,*
> *es una meta*
> *a la que tienes*
> *que aspirar.*

Es en los momentos difíciles de enfermedad, dolor o crisis en los que cobra mayor sentido vivir en pareja. Si la relación es buena, el individuo no tiene por qué enfrentarlos solo, sino con la fuerza que da la unión de dos personas que se tienen una a la otra.

*L*a caja registradora del hospital iba marcando los cargos por los estudios que le iban a efectuar, y Socorro sumaba a su malestar físico el de tener que pagar una cuenta cada vez más elevada.

Sus males se presentaron seis meses atrás. Se iniciaron con fuertes dolores de cabeza que aparecían de repente. Comenzaban como una tenue presión en las sienes para convertirse, pocos minutos después, en intensas punzadas muy dolorosas. Surgían como de la nada, sin que mediara alguna enfermedad o situación difícil por la que estuviera atravesando. No coincidían con momentos de tensión o de trabajo excesivo. Llegaba a ocurrirle que cuando más contenta pudiera encontrarse, podrían aflorarle. Eran una burda, violenta e inoportuna intrusión a su bienestar personal. Además, eran de pronóstico difícil, pues en ocasiones duraban casi unos instantes y se esfumaban, y en otras tardaban en desaparecer o daban la impresión de que no se irían. Su maltrecho estómago también resentía estos problemas, dado que la continua ingesta de calmantes para el dolor lo tenía irritado y sobrecargado de acidez.

Socorro se mostró evasiva al comienzo de los trastornos. Trató de no darles importancia y olvidarse de ellos. Era su estilo. Con frecuencia, en el pasado, así lo había hecho y le funcionaba bien. La única excepción fue el día en que la tuvieron que operar de emergencia del apéndice. No pudo rehuir la atención médica y la hospitalización. Por fortuna para ella, el cirujano que la atendió alcanzó a extirpársela sin que la infección se hubiera extendido, a pesar del pésimo estado en que se encontraba. En esa emergencia se asustó mucho por la intensidad de los dolores y por la posible gravedad que pudo tomar el suceso, de no haber sido operada con eficacia y oportunidad. Pero, después, ya recuperada del todo, lo tomó tan sólo como un evento de difícil repetición. Eso no volvería a pasar, se repetía a sí misma, en un exceso de confianza consigo misma y con su salud.

Tomás, su marido, por el contrario, era abierto y diligente para enfrentar sus malestares físicos. Él, a la menor incomodidad, acudía a ver al especialista y se informaba profusamente de lo que le ocurría, poniéndose a leer los libros de medicina familiar que tenía en casa. A veces se sugestionaba más de la cuenta y, así, propiciaba que su enfermedad se agudizara, ya que al estar tan atento a sus síntomas, éstos se fijaban con mayor firmeza en su conciencia. Pareciera broma, pero en algunas ocasiones en que tuvo gripe y fiebre, se tomaba la temperatura cada hora y la anotaba en un papel para ver la tendencia que tenía su malestar. Nada más le faltaba hacer gráficas, sacar copias y repartirlas entre sus amigos.

Con estos antecedentes, cuando Socorro empezó a quejarse de sus dolores, Tomás, conociendo su resistencia, se alarmó y le pidió, casi le exigió, que fuera a atenderse. Ella no le hizo caso, ni se lo hizo a sí misma. Dejó pasar las cosas y optó por no expresar su malestar, para evitar el discurso presionante de su marido, quien insistía constantemente en que buscara atención profesional. Tomás, frustrado, engañado y desgastado, tomó la decisión de no intervenir más con las actitudes y conductas de su mujer respecto al cuidado de su salud. Socorro se había salido aparentemente con la suya.

El tiempo, sin embargo, se convirtió en un cruel enemigo. O al menos así lo consideró ella. Conforme transcurría, su mal crecía y los síntomas se iban acentuando más. Ya no podía tomarse un par de aspirinas y olvidarse del asunto, pues el dolor persistía. Inquieta, Socorro fue minando su resistencia y se empezó a preocupar. Pretendía fingir y no podía, pues su rostro la delataba. Además, empezaba a asediarla cada vez con mayor frecuencia el temor de que padeciera alguna enfermedad seria que pudiera generarle graves trastornos.

El orgullo de Tomás hizo que se tardara en reaccionar para brindarle su apoyo. Notó que Socorro no podía ocultar más sus molestias, pero como ella no le decía nada, se hizo el disimulado. Era su forma absurda de demostrarle que él había tenido razón. Esperó a que se las expresara directamente. Cuando, por fin, ella así lo hizo, él, al principio, pretendió mostrarse despreocupado y distante, pero luego su angustia se despertó y desbordó. No tuvo otra salida más que acercarse a su mujer para encarar la situación.

La necedad de ambos, la de ella para no dejarse manifestar abiertamente en su dolor, y la de él para proporcionar su ayuda y compresión, provocó que se llegara a una situación límite, como la que se presentó aquel perturbador y agobiante día.

Socorro había dormido mal la noche anterior. Un continuo dolor estomacal la hizo levantarse varias veces durante la noche. Sentía un fuerte ardor, y por más que masticaba un medicamento y otro, y deambulaba por el cuarto, no lograba erradicarlo. Tomás despertaba ocasionalmente, a pesar de que ella trataba de hacer el menor ruido posible. Cuando él intentaba decirle algo, tan sólo lograba mascullar algunas palabras, literalmente incomprensibles, pues el sueño lo dominaba. Por fin, muy cerca del amanecer, Socorro pudo dormir. Lo hizo de manera profunda y alcanzó a descansar un poco, aunque, por supuesto, no lo suficiente para hacerla sentirse fresca en la mañana, ni para erradicarle esas enormes ojeras que ahora la acompañaban.

Durante el desayuno, Tomás notó el rostro descompuesto de su esposa y estuvo a punto de decirle algo, pero se contuvo. Fue ella la que tocó el tema. Le explicó que había pasado muy mala noche y reconoció que desde hacía unas semanas estaba padeciendo constantes dolores de cabeza. Tomás, fingiéndose sorprendido, le preguntó qué pensaba hacer. Ella respondió con rapidez que estaba decidida a ir a ver al doctor lo antes posible. Él esbozó una débil e irónica sonrisa y estuvo de acuerdo. Se sabía "ganador" de la partida.

A mediodía, cuando Socorro logró comunicarse con la secretaria del médico y le dio cita para la siguiente semana, ella le insistió en que se sentía muy mal y que deseaba verlo ese mismo día. Después de consultarlo para pedir autorización, le informaron que sería recibida a las cuatro de la tarde.

Tomás, por su parte, estuvo llamando de la oficina para enterarse de su salud y saber qué había ocurrido con la cita. Su postura controlada y fría ya lo había abandonado. Se encontraba verdaderamente nervioso. Sabía que si Socorro estaba desesperada era porque algo delicado le ocurría. Quiso salirse del trabajo para acompañarla, pero justo esa tarde tenía que hacer una presentación de un nuevo producto ante los directivos de la empresa. No tendría más remedio que esperar a la noche para conocer el estado de salud de su mujer.

El médico, después de revisarla con minuciosidad, le pidió que se hiciera una serie de estudios para poder determinar con claridad los orígenes de su enfermedad. No quería aventurar un diagnóstico precipitado. Le indicó los pasos a seguir e intentó tranquilizarla, diciéndole que todo hacía suponer que no se trataba de nada grave, pero que habría que esperar.

Al pagar en la caja con su tarjeta de crédito, pues evidentemente el efectivo que llevaba no le alcanzaba para hacerlo, Socorro se sentía abrumada y nerviosa. Transcurrirían tres horas antes de que terminara de pasar por los diferentes gabinetes de exploración. Al finalizar, salió del hospital con un pequeño papel para recoger los resultados dos días después y con una gran incertidumbre. Le preocupaba sobremanera su malestar físico, pero también saber si contaría con los recursos económicos para enfrentarlo. Los precios eran muy altos, quizás excesivos. Además, su relación con Tomás se había visto afectada, pues un sutil distanciamiento se estaba dando entre los dos desde que se inició este juego de ocultarse sus verdaderas inquietudes. Sus angustias no abrevaban en el mismo lugar y, por lo mismo, sus mentes y sus corazones no podían comprenderse. Habría que esperar, como dijo atinadamente el facultativo.

¿QUÉ PASARÍA SI SOCORRO Y TOMÁS FUERAN LOS MALACARA?

&

Conforme se acercaba a casa, *Socorro Malacara* se iba sintiendo más alterada. No tenía una clara noción de lo que le ocurría. Notaba que sus emociones estaban fuera de la esfera de su dominio. Como si tuvieran vida propia. Pero una vida propia, ingrata y desagradable. Percibía su impulsividad, mas no deseaba someterla. Por supuesto que no le gustaba saber que había perdido el control sobre sí misma. Ella, que habitualmente se mostraba como dueña y muy segura de su persona, ahora, en cambio, estaba temerosa, disgustada y frustrada. Empezó a cavilar respecto a su relación de pareja. Se llenó de humo la cabeza, como si su dolor buscara alguien a quien culpar. Le era más fácil encontrar un responsable de sus malestares que asumir sus errores. Tomás era la víctima propiciatoria. ¡Qué se creía ese infeliz! Siempre temeroso y alejado, con su risita burlona y prepotente. ¡Desgraciado! Pero ya se las pagaría cuando llegara a la casa. ¡Faltaba más!

La jornada pasó lenta para *Tomás Malacara*. La tan importante reunión de trabajo que tenía ese día había sido pospuesta para otra fecha. Le avisaron muy tarde, cuando se encontraba ya en la sala de juntas con todo el material preparado. Evidentemente tuvo que ocultar su disgusto, pero por dentro sentía que hervía de frustración por la desconsideración de sus jefes.

Cuando, más tarde, en su pequeño cubículo, comenzó a revisar y archivar los documentos no ocupados, su mente se desvió hacia los malestares físicos de su esposa. Se puso nervioso y se sintió temeroso de que alguna enfermedad seria pudiera invadirla. Percibió su amor por ella y el miedo de perderla. Sin embargo, minutos después había transformado todo su dolor y su inquietud en un fuerte enojo. Empezó a ponerse furioso con Socorro, pues la responsabilizaba de ese lamentable abandono respecto a su salud. Estaba cierto de que la forma de ser de ella, jocosa, pero a la vez elusiva de su propia realidad, era lo que había provocado que estuvieran con esa angustia que ahora los tenía mortificados a los dos. Es una desconsiderada y egoísta, se decía para sus adentros. Llegando a la casa le reclamaría y le haría ver sus errores. Ya estaba harto de aguantarse sus malestares. Ahora vería quién era él. ¡Caramba!

LO QUE HACEN MAL

Ella

- Su miedo a reconocer que una enfermedad seria pudiera albergarse en ella, la llevó a ignorar sus síntomas y molestias. Asume (grave error) que la evasión puede ser una forma de resolución.

- Enfrenta su problema de salud en soledad, siendo que vive en pareja. No le comparte sus angustias a Tomás, ni se interesa por conocer las de él; pierde la posibilidad de hacer de su cónyuge un amigo.

- No se responsabiliza de sus indecisiones y desidia, pues en su mente se sigue justificando. No aprende nada de esta ingrata experiencia, en la que, por su cobardía para conocer la realidad de su estado de salud, puede verse en serias dificultades.

- No toma conciencia de su ansiedad para poder entrar en control de ella. Trata de evitarla, y lo único que consigue con esta actitud, es que vaya creciendo conforme pasa el tiempo.

- No se da cuenta de los sentimientos desagradables que la han invadido y los lleva al enojo y la furia, en un intento inmaduro de no asumir sus propios errores y omisiones.
- A pesar de que se sabe descontrolada e impulsiva, desea quedarse así, para poder descargar su malestar en Tomás y lastimarlo como una forma de encontrar un culpable de lo que le ocurre.
- Cree, absurdamente, que por enojarse y violentar a su cónyuge, su estado de ánimo se estabilizará, o se sentirá mejor. Lo que sí conseguirá será deshacerse de parte de su enojo pues lo descargará injustamente en Tomás. Pero lo que desconoce es que, al hacer esto, su malestar interno se incrementará necesariamente, ya que añadirá a su posible problema de salud, el de tener una relación de pareja fracturada.

Él

- Su mundo interior, alterado y temeroso, lo avasalla, pero no busca la forma de serenarse para lograr encontrar solución a sus malestares.
- Estableció en su mente, de manera desconsiderada e infantil, una lucha de poder con su cónyuge para demostrarle que él tiene la razón en la forma de enfrentar determinadas situaciones.
- A pesar del reconocimiento que hace del amor que le tiene a su esposa, prefiere, por orgullo, poner su atención en las fallas de ella, con objeto de darle salida a sus frustraciones.
- Se vanagloria del aparente "triunfo" sobre Socorro por haber tenido la razón en la necesidad de que se atendiera médicamente con la debida oportunidad. Se llena de soberbia y, en esos momentos, trata de poner en segundo lugar el problema de salud que le aqueja a ella.

- Está tan enfocado en sí mismo, que no se percata del verdadero papel que le tocaría desempeñar como un genuino compañero amoroso.
- Al igual que ella, transforma sus sentimientos de incertidumbre, temor y frustración en un enojo que tan sólo buscará lastimar a su pareja.

🌱 Ambos
- Convierten todas sus frustraciones y angustias en una rabia en contra de su cónyuge, como si el otro fuera el único responsable de lo que están viviendo.
- No saben hablar de sus temores ni de sus inseguridades. Quieren dar una apariencia de que todo está bien con ellos, a pesar del tormento en que se está convirtiendo su mundo interno.
- La incapacidad que tienen para poder entender lo que les sucede, y el desconocimiento de las formas posibles de resolución, los llevan a enfrentarse entre ellos de manera completamente estéril.
- A pesar de que se quieren y han hecho un compromiso formal para llevar a buen término su relación, se encuentran en una crisis de pareja, generada por ciertos rasgos de inmadurez en su forma de ser (luchan por el poder, se incomunican deliberadamente, les falta sencillez) y por el no saber de qué manera atender y solucionar sus problemas comunes (cómo comunicarse sus sentimientos, de qué manera hacerse amigos, la forma de enfrentar la vida en pareja).

¿Y SI FUERAN LOS BUENROSTRO?

La angustia de *Socorro Buenrostro* era patente. Empezó a darse cuenta de que su negativa para atender sus malestares físicos oportunamente la había llevado a una crisis de proporciones todavía desconocidas. Se molestó consigo misma por orgullosa y evasiva. Después se entristeció, cuando tomó nota de que su imagen de fortaleza y suficiencia no era más que una ilusión fabricada por el área oscura de su personalidad. Las lágrimas asomaron a sus ojos. No las secó. Dejó que el aire y el transcurrir del tiempo lo hicieran por ella. Quería sentirlas como una muestra de debilidad y de sus malas decisiones. Continuó cavilando y recordó a Tomás. Pudo reconocer que se había mofado de él y que lo descalificaba de manera constante. Tendría que sentirse muy mal con todo lo ocurrido, sobre todo por ser un marido aprensivo y rígido, si bien también generoso y comprometido. Ella recordó que en este proceso él se mostró displicente y burlón, a pesar de lo cual decidió que llegando a casa le pediría que hablaran al respecto, pues sus múltiples diferencias no conciliadas les provocaban un distanciamiento afectivo cada vez mayor. Tenía la certeza de poder llegar a buenos acuerdos, a pesar de sus distintas formas de ser y ver el mundo. Sabía que Tomás tendría la disposición para hacerlo. Conocía su amor y compromiso para con ella.

Tomás Buenrostro pasó uno de los días más frustrantes y penosos de su vida. En esa jornada de incertidumbre en la oficina todo fue esperanzas fallidas. Además, como un recurrente común denominador que se hubiera apropiado de sus emociones, percibía en su interior un enorme hueco en su relación con Socorro.

Se daba cuenta de que no se comunicaban como antes. Sumado a eso, el asunto de la salud de ella los tenía sigilosa y cobardemente confrontados. Hacían como que nada pasaba y no se atrevían a reconocer que se hallaban en medio de una crisis de pareja que debía ser atendida. Por esta negación no habían encarado la situación oportunamente y él observaba, con claridad y angustia, que las proporciones de la dificultad se habían ido incrementando con el tiempo transcurrido.

La gran inquietud y el miedo de que algo grave pasara con Socorro llevó a Tomás a una situación límite, en la que decidió que tenía que llevar a cabo acciones inmediatas para modificar ese estado de cosas. No podía nada más continuar rumiando su disgusto y manteniéndose en una actitud de extrema pasividad. Independientemente de los resultados médicos que les aclararan la enfermedad que padecía Socorro, él ya no estaba dispuesto a dejar que su relación de pareja se siguiera deteriorando. Sabía que debía hablar con ella de manera cuidadosa para no lastimarla, pero sí confrontándola para hacerle ver la necesidad de que aprendiera a enfrentar y resolver su propia realidad. Y claro está que él buscaría hacer lo mismo, para desarrollar actitudes y formas de respuesta constructivas y diligentes. Reconocía, con tristeza y vergüenza de sí mismo, que se había mostrado retador y apático en el transcurso de este conflicto. Su orgullo infantil le había ganado la partida. Ahora tenía claro que tanto él como Socorro deberían aprender a crecer como individuos y a utilizar esta superación personal para mejorar su relación de pareja. Apreciaba que eran sus diferencias, en la manera en que percibían el mundo, las que los disgustaban y desgastaban de forma absurda e inútil, ya que si no fuera por ellas no podrían aprender nada. ¿Qué me podría enseñar Socorro si pensara y actuara igual que yo?, se decía, finalmente, para sus adentros. Tenían que dedicarle atención y tiempo a resolver sus problemas y él estaba resuelto a no permitir ninguna otra cosa.

LO QUE HACEN BIEN

☙ Ella

- Se cuestiona y analiza su forma equívoca de conducirse. Es capaz de reconocer que ha estado actuando mal, posponiendo, una y otra vez, la visita al médico para conocer su estado de salud.

- Deja el orgullo a un lado y empieza a tomar nota de sus errores. Se percata que no ha sido buena compañera de Tomás, que ha despreciado su forma de conducirse y que no se ha interesado por su sentir.

- Contacta su tristeza y llora, indicando con ese hecho que su emotividad se une a sus razonamientos para aceptar sus faltas de manera integral.

- Percibe su responsabilidad en los problemas que tiene con su cónyuge y no se deja engañar pensando que todo es culpa de Tomás.

- Decide actuar de inmediato para resolver las diferencias que tiene con él. No está dispuesta a dar nueva cabida a la evasión y a la desidia.

- Se muestra segura de tener éxito en su deseo de reconciliación, pues conoce las buenas características y el compromiso y amor de su pareja, y las suyas propias.

- Se muestra abierta y dispuesta a rectificar un camino mal andado. Sabe que sólo así se pueden resolver los problemas entre las personas.

⚜ Él

- Reconoce que hay una crisis que tiene que enfrentar, pero no se desanima por ello. Antes bien, lejos de sentirse nuevamente agobiado, decide generar acciones que resuelvan su malestar.

- Se da cuenta de las carencias y dificultades que ha tenido para enfrentar los conflictos que se le presentan, por lo que sabe que tendrá que luchar, aprender y esforzarse para salir adelante.

- Acepta que la pasividad no lo lleva más que a aumentar sus malestares y no le brinda ninguna posibilidad de resolución real de sus aflicciones.

- Puede observar que se dejó dominar por el orgullo, lo que lo llevó a dar respuestas inmaduras ante lo que está viviendo, compitiendo con Socorro y evadiendo la comunicación profunda con ella.

- Es capaz de contactar sus sentimientos de tristeza y vergüenza por su mal desempeño en este proceso con su pareja, y de utilizarlos para tomar decisiones que lo lleven a recomponer el camino.

- No se muestra ya competitivo ni soberbio, por lo que decide hablar con Socorro, de manera firme y puntual, pero cuidadoso para no lastimarla.

- Reconoce que son las distintas formas de ser de cada cónyuge las que permiten que haya aprendizaje. Le queda claro que no es posible crecer como persona con alguien que es igual a uno, que son las características del otro que nos incomodan, las que nos pueden enseñar algo.

- Está resuelto a trabajar y dedicar tiempo en pareja para buscar juntos la resolución de sus problemas y diferencias.

❦ Ambos

- Se muestran sencillos y capaces de entrar en contacto con sus errores y omisiones para reconocerlos y buscar superarlos.

- Desean con intensidad dirigir su energía a resolver sus dificultades. Ya no están dispuestos a utilizarla para reclamarse o agredirse entre sí.

- Se dan cuenta de sus vacíos, angustias y miedos, y están en buena disposición para podérselos externar y, así, comprenderse realmente.

- Están resueltos y decididos a salir adelante en la confianza de que saben que cuentan con el amor y el compromiso de su cónyuge.

- Entienden que no pueden repetir este tipo de situaciones absurdas. ¿Para qué? Mejor, juntos lucharán para hacerse amigos, porque como dice el poeta Benedetti: "En la calle, codo a codo, somos mucho más que dos".

EL ACOMPAÑAMIENTO Y LA AMISTAD

Vivir en pareja significa, entre muchas otras cosas, enfrentar la vida tomado del brazo de quien debe ser nuestro mejor amigo. Una relación donde no exista amistad y compañerismo pierde mucho de su sentido. ¿Para qué pagar el alto precio que cobra la convivencia si no obtenemos jugosos beneficios?

❦ No vivir en casa de los padres

El recién nacido nace desprotegido. Sin sus padres o alguien que haga la función de ellos, moriría en muy corto tiempo. Esa dependencia total hacia los progenitores se debe ir reduciendo hasta que, al menos en teoría, llegue a desaparecer en la edad adulta. Cuando esto sucede, es tiempo de que el individuo trace su propio camino y lo recorra por su cuenta. Si no lo hiciere así, frenaría parte fundamental de su crecimiento personal de vida.

♣ *Vivir solo*

Una primera alternativa es vivir solo. Enfrentar el mundo en soledad. La persona es autosuficiente en lo material y obtiene sus satisfacciones emocionales fuera de casa.

♣ *Vivir en compañía*

Hay quien opta por compartir espacios, gastos y quizá gustos o intereses con otra u otras personas de su agrado o conveniencia. De esta manera, es factible que se brinden acompañamiento y apoyo en todo aquello que le competa a la así formada comunidad. Normalmente se establecen acuerdos para atender todos los aspectos cotidianos y prácticos que los vinculan. Les exige *cierto grado de tolerancia* entre ellos, lo que les impone la necesidad de tener que entender al otro. En esta forma, se ven obligados a crecer como personas, al menos en alguna medida.

♣ *Vivir en pareja*

La opción de formar una pareja y una familia se da cuando él y ella deciden vivir juntos y compartir su futuro. Lo hacen pensando en que su vida se enriquecerá. Tienen razón. Están dados todos lo ingredientes para que puedan obtener muchas ventajas, si bien tendrán que esforzarse de manera muy decidida y comprometida.

La relación de pareja es la que permite mayor desarrollo de cada uno de sus integrantes, pues la convivencia es muy cercana e intensa y están unidos en los aspectos más esenciales de vida. Comparten sus necesidades y anhelos materiales, emocionales y sociales, y en muchos casos también los espirituales. Como en el caso anterior, y en éste con mayor intensidad, el crecimiento de los involucrados se motiva y se fuerza por la necesidad que tienen de armonizar sus diferencias en su forma de ser y de pensar, para poder así lograr una sana cotidianeidad. *Requieren aprender uno del otro.* Tarea difícil y muy laboriosa, por la resistencia que, en general, todos los humanos oponemos para cambiar o ampliar una determinada forma de percibir el mundo y su realidad, ya que cuando tenemos discrepancias con nuestro cónyuge, siempre creemos que tenemos la razón y que el otro no la tiene.

La convivencia en pareja exige un precio muy alto. En los buenos momentos no pasa factura, pero en los malos requiere una alta dosis de paciencia y tolerancia. Los egos de los cónyuges deberán tener la capacidad de achicarse, pues de otra forma las confrontaciones estériles desgastará a ambos en muy poco tiempo.

❧ *Familias no tradicionales*

Se puede vivir con la madre, con los abuelos, con unos tíos o con todos juntos. O bien con uno o varios hijos sin el cónyuge, y con o sin la familia extensa. Las posibilidades de interrelación familiar son múltiples y variadas. En cualquier caso, *la convivencia demanda un alto grado de aceptación* de las diversas formas de ser de los miembros de la familia. La armonía solamente se alcanza cuando todos los integrantes del núcleo familiar saben acompañarse y crecer juntos, como lo hacen los buenos amigos. Mantenerse en posturas individualistas y cerradas a la adaptación y al cambio generará un ambiente tenso y desagradable. La vida es movimiento, y sólo quien reconoce sus ritmos y danza con ellos puede ajustarse a sus demandas para buscar disfrutar de ella lo más que se pueda.

✿ *Sentido de acompañamiento y de aprendizaje*

Compartir con el otro los aspectos cotidianos y profundos de nuestro vivir nos genera un muy grato sentimiento de expansión, alegría y seguridad. Una buena relación de pareja deberá tener siempre esta característica de sano acompañamiento. Aunque no debemos olvidar que también tendrá otra, la faceta del disgusto, la tensión y la confrontación.

Lo que es muy importante recalcar es que así como son ineludibles las dificultades con el cónyuge, también estará de manera invariable *el "sentido" que todos los conflictos de las relaciones humanas tienen*, y que no es más que la necesidad de aprendizaje de uno y otro a partir de sus diferencias.

✿ *¿Para qué hacer de la vida conyugal un campo de batalla?*

¿Qué objeto tiene estar en continuas peleas? ¿Para qué las discusiones estériles? ¿Para qué las miradas dolidas y los silencios prolongados? ¿Será que nuestras neurosis nos reclaman una alta dosis de malestar sin sentido? ¿No será mejor recuperar la amistad y resolver las diferencias con inteligencia y buen tino, dejando el orgullo y la necedad guardados en un cajón con doble llave?

✿ *La amistad en la pareja*

Por lo tanto, los cónyuges requieren hacerse amigos. Los mejores amigos. Quizá como lo fueron en los tiempos en que se cortejaban. Tener espacios para hablar, para comentar desde aspectos cotidianos y triviales, hasta los más sensibles y profundos. Establecer diálogos amables en los cuales la comprensión reine como un factor que dé aliento a la comunicación abierta, directa, franca.

Los verdaderos amigos se respetan, se apoyan, no luchan entre sí ni buscan imponer sus ideas; bromean, y cuando pasan por un mal rato saben apoyarse y darse cariño. ¿No convendría hacer de nuestro cónyuge un buen amigo? Un amigo que también nos cuestione y nos haga rectificar el camino cuando lo hemos extraviado. Que nos recuerde que no estamos solos en el mundo y que a pesar de nuestras divergencias sabemos coincidir en el amor y en el compromiso mutuo. Invariablemente, los amigos *recuerdan que están en el mismo equipo* para enfrentar los avatares de la vida.

POR FAVOR, ¿PODRÍAN ACLARAR SUS ANHELOS?

1 ¿Identifican con claridad sus anhelos de vida?

2 ¿Qué esperan de su relación de pareja?

3 ¿Les cuesta mucho trabajo pedir ayuda? ¿Piensan que es un signo de debilidad?

4 ¿Cómo se sienten cuando son capaces de expresar sus inquietudes, dudas o tristezas con su cónyuge?

¿SON CÓNYUGES Y AMIGOS?

1 ¿Cómo es la comunicación entre ustedes? ¿Se saben escuchar?

2 ¿Comentan sus aspectos cotidianos? ¿Y los profundos y emocionalmente sensibles?

3 ¿Se dan sostén y comprensión mutua o han optado por discutir y pelear para corregirse e imponer sus ideas?

4 ¿Son capaces de apoyarse cuando pasan por momentos difíciles en lo individual?

5 ¿Les agrada salir y compartir juntos?

6 ¿Son de verdad amigos, buenos amigos entre sí?

8. EXPECTATIVAS,
QUEJAS E IMPORTANCIA PERSONAL
Nada te gusta

*¿Por qué será que
la vida no me
quiere complacer
en todo lo que deseo?*

La queja es una forma de respuesta ante lo que nos disgusta, ya sea de lo que nos pasa, o de aquellas conductas que observamos en los demás y que nos afectan. No nos ayuda en la resolución de nuestros problemas, si bien sí es una forma de expresión que en ocasiones puede producirnos cierto alivio.

Sin embargo, llega a ocurrir que podemos generar un efecto inverso cuando magnificamos las dificultades por no quererlas apreciar en su verdadera dimensión. Es común que el quejoso se sienta víctima de los demás.

Paulina se apresuraba a hacer la cama para poderse ir al desayuno con sus amigas de siempre. Ya después terminaría de limpiar y arreglar. La comida la había hecho la víspera, así que eso no le preocuparía después.

Reunirse cada tres o cuatro semanas en diferentes casas era una tradición instituida desde hacía años. Hoy le tocaba a Azucena, quizá la más cercana de todas ellas y con la que se sentía más a gusto. Eso la tenía más contenta que de costumbre. Ahí podría expresarse —como en todas las ocasiones— con total libertad y sin ningún tipo de censuras ni de recriminaciones. Era un alivio para ella, dado que se sabría comprendida. Esos espacios eran fundamentales en su vida. Le daban un reconfortante y oportuno respiro de los múltiples problemas y dificultades que se le presentaban con su esposo y con sus hijos.

La rutina era invariablemente similar. Beber un delicioso y humeante café, acompañado con pan de dulce y galletas, mientras comían un poco de fruta y esperaban que el plato fuerte, ya sean huevos, chilaquiles o tamales, les fuera servido. La plática versaba primero sobre cuestiones intrascendentes, para ir, poco a poco, tomando un cariz cada vez más profundo. Empezaban a expresarse los descontentos de una y otra hasta que, horas después, cansadas de no dejar títere con cabeza, programaban la fecha del siguiente encuentro.

Esa mañana Paulina tenía muchas cosas de las cuales hablar. Su marido, Esteban, seguía mostrándose distante y frío con ella, y en cambio cariñoso y hasta alcahuete con sus hijos. Eso la tenía muy afectada, pues no se sentía ya valorada como figura fundamental dentro de la familia. Sus hijos, varones los dos y en plena adolescencia, presentaban conductas rebeldes y groseras que la tenían muy confundida, e incluso en ciertos momentos terminaban por sacarla de quicio. Sería reconfortante para ella poder relatar estos asuntos, para que los oídos y las bocas de sus amigas manifestaran, primero, su entendimiento, y después, su invariable indignación.

La jornada transcurrió como lo había esperado. Primero sonrisas y risas, más adelante críticas y lamentaciones, para terminar, de nuevo, con sonrisas y más risas. El almuerzo, igual que otras veces, estuvo delicioso, aunque algo pesado y muy sobrado de calorías. Y el tiempo, percibido breve, casi fugaz, había estado disponible para todas y cada una de ellas, para su propio clamor y expresión. Tiempo cordial para poder hablar y quejarse, para mostrar interés en lo que se narra, para comentar, sugerir y apoyar incondicionalmente. Un espacio agradable, como un sano paréntesis en el día a día de esas mujeres anhelantes de atención y cariño, para soltar esas cosas que tanto desgastan y abruman.

Cuando se despidieron, todas se sentían cargadas de inquietudes, pero al mismo tiempo liberadas de malestares contenidos. Un descanso merecido para su vida cotidiana, percibida por ellas como agobiante y difícil. Compartir sus frustraciones y anhelos les permitía continuar con las faenas diarias, ciertamente de manera mucho más animosa.

Dos días después, Esteban llegaba del trabajo por la noche y se acicalaba para ir a la reunión que todos los jueves tenía con sus amigos para jugar dominó. A Paulina no le agradaba mucho que fuera. Sin embargo respetaba su decisión y no le hacía ninguna observación, salvo en las ocasiones en que lo veía llegar a casa con más copas de las que normalmente tomaba. Ella sabía que era una buena oportunidad para que su marido descansara y se olvidara un poco del peso de sus obligaciones. Pero no le gustaba que se excediera en su forma de beber, ya que cuando lo llegaba a hacer se ponía impertinente y demandante.

Existía un lastimoso antecedente. En alguna ocasión en que Esteban regresó al hogar bebido y muy excitado, buscó de inmediato tener relaciones sexuales con ella. Como Paulina se encontraba durmiendo, la despertó e intentó forzarla para conseguirlo. Al no permitírselo, él se enojó mucho y se fue a acostar a la sala. Al día siguiente rumió su mal humor por todas partes, buscando hacerla sentir culpable y responsable de su estado de ánimo. Ella, por su parte, dolida y humillada, le dirigió pesarosas y penetrantes miradas, pero no le dijo nada. Se sentía como un vulgar objeto, rebajada en su dignidad de mujer. Ninguno expresó su queja. Sin embargo, Paulina anidó su dolor en el área más íntima de su sensibilidad. Esteban, más rústico y aparentemente insensible, intentó olvidar pronto lo que consideró absurdamente "un rechazo de su mujer". Ambos supusieron, de manera errónea, que el tiempo resolvería el asunto y se encargaría de hacer la labor de reconciliación que les correspondía realizar a ellos. Ignoraban que nunca ocurre así, que el factor "dejar pasar" únicamente echa tierra sobre el asunto para poderlo ocultar, pero que la herida sigue abierta y dispuesta a sangrar si se le remueve o se le presta atención de nueva cuenta.

Para velada tristeza de ambos, en esta etapa de su matrimonio estaban convertidos en una especie de cónyuges utilitarios. Habían dejado de ser no sólo confidentes, sino también la fuente de sus ilusiones y motivaciones. Ahora se veían sólo como alguien rentable para su vida. Para él, Paulina era la mujer que cuidaba a sus hijos, mantenía la casa en orden y con quien podía, en ocasiones, satisfacer su disparejo apetito sexual. Para ella, Esteban llegaba a funcionar como un buen proveedor que le permitía llevar una desahogada y grata forma de vivir. No eran más compañeros ni amigos. No compartían sus sueños ni sus pesares. Los primeros los guardaban celosamente para sí mismos, los segundos los reflejaban en actitudes hostiles o indiferentes entre ellos.

Así, cumplían con una parte de sus empolvados roles conyugales, que si bien no era poco importante, sí dejaba de lado lo más esencial y profundo. Sin darse cuenta, se fueron devaluando paulatinamente como pareja con el paso de los años. Habían perdido mucho de la esencia de su relación.

Claro que ellos, centrados en su propio bienestar, enfocaban su atención en las molestias que su cónyuge les generaba y, por supuesto, no veían las que ellos mismos provocaban.

Concluido su ritual de cambiarse de ropa y de prepararse mentalmente para salir y divertirse, Esteban salió presuroso de casa. Estaba muy cargado de sentimientos encontrados. Se sentía contento por los logros obtenidos en su trabajo, ya que por esas fechas había sacado adelante un proyecto de difícil ejecución. Su jefe inmediato y el director de la empresa lo felicitaron y le dieron un pequeño pero representativo aumento de sueldo. Estaba satisfecho consigo mismo. Por el contrario, en casa, con Paulina, las cosas no iban bien. Se sentía cansado de su relación y se la pasaba pensando qué hacer y dándole vueltas al mismo tema, tratando de llegar a una conclusión, pero sólo lograba perder energía y ponerse casi melancólico. Estaba desconcertado. No sabía cómo actuar. Por eso hoy quería desahogarse abiertamente. Sacar tanta inconformidad reprimida. Deseaba platicar estas inquietudes con sus amigos. Normalmente le habían dado buenos consejos y orientaciones, o cuando menos se había sentido mejor después de haberse expresado. Aunque tenía que reconocer que en algunas ocasiones se sentía peor, como cuando se colocaba en posición de víctima del maltrato de Paulina, a quien suponía en una situación ventajosa sobre él. Pensamiento que le era reforzado con cierta frecuencia por sus también atribulados y acelerados compañeros de juego. Ocurría que se iban exaltando, y poco tiempo después, entre todos, generaban una animadversión hacia las esposas en general y hacia la propia en particular. Cuando esto sucedía, Esteban regresaba a su hogar agresivo y con la espada desenvainada. Eran los momentos en que pensaba que Paulina abusaba de él y no le daba el cariño, amor y respeto que él estaba seguro de merecer.

Así sucedió esa noche. Esteban, acogido entre pares y envalentonado por los buenos resultados en su trabajo, revivió e hizo crecer su aletargado ego conyugal, y éste, ya despabilado y ansioso de entrar en acción, empezó a despotricar en contra de Paulina. Se quejó una y otra vez durante toda la velada. Los demás maridos aprovecharon para ventilar sus propias frustraciones y, como en otras ocasiones, generaron un franco rechazo a la forma femenina de conducirse en el mundo. Esteban, estimulado por el alcohol y por el eco que encontró esa noche en sus resonantes camaradas, llegó a casa en malas condiciones. Ansiaba descargar la energía de su inconformidad contenida. Era, por supuesto, un momento muy inoportuno para resolver sus problemas.

Despertó a Paulina y le reclamó su indiferencia. La culpó del abandono de su rol de esposa amorosa. Se hicieron de palabras y las quejas que tenían enclaustradas salieron de su encarcelamiento y brotaron como espuma envenenada y envolvente. Se dijeron muchas cosas hirientes. Nunca antes se habían dicho tantas. Fue mucho lo que se lastimaron. Cuando después de más de una hora de mutuas recriminaciones intentaron dormir, sus corazones danzaban descontrolada y agitadamente. Sus bruscas respiraciones parecieron querer salirse de sus dolidos pechos. Una gran desesperanza los invadía. ¿Por qué? ¿Qué puedo hacer? ¿Dónde me equivoqué?, fueron algunas preguntas recurrentes que se hacían, mientras daban vueltas y más vueltas en la cama. No encontraron ninguna respuesta. Al final, cuando el cansancio ganó la batalla y lograron conciliar el sueño, imágenes de angustia se les hacían presentes como sombras que los perseguían y no les daban reposo.

Siguieron flotando en esa densa atmósfera onírica las interrogantes de si sabrían enfrentar y resolver sus múltiples diferencias. O si, debilitados por la realidad que los cuestionaba, no serían capaces de aprender y salir adelante. Sólo el avance de la vida, y las conductas y actitudes que modelaran a partir de esta experiencia, tendrían la respuesta.

¿Qué pasaría si Paulina y Esteban fueran los Malacara?

എ

A la mañana siguiente, *Paulina Malacara* revivía en su mente las escenas de la noche anterior. Sentía cómo la movían insistente y bruscamente de los hombros y la despertaban. Recordaba que abría los ojos y veía a su marido que se hallaba al borde de la cama, despeinado y con la mirada perdida. Estaba tambaleante frente a ella. Tenía el rostro desencajado. Al principio, recordaba que se había asustado, y después, cuando comprendió lo que estaba sucediendo, una furia incontenible la había arrebatado.

Se sentía muy humillada. Esteban le dijo muchas cosas que la hirieron y ella sabía que eso no se podía perdonar. Tenía dignidad y no podía permitir que alguien la maltratara de esa manera, sobre todo diciendo esa sarta de mentiras que la señalaban como una esposa irresponsable y desamorada.

Se alegró de que Esteban ya se hubiera ido a trabajar, pues unas lágrimas intrusas se asomaron a su rostro y terminaron por invadirlo. Un dolor violento la sacudía. Se abandonó a sí misma y parecía que los espasmos que la arrebataban no terminarían nunca. Pasó un buen rato antes de que se calmara. Cuando pudo serenarse, empezó a maquinar su desquite. Ni modo que todo siguiera igual después de lo ocurrido. Si no le gustaba como esposa, pues entonces que se divorciara de ella. Ya se encargaría con sus abogados de exprimirle hasta el último centavo. ¡Qué se creía ese desgraciado!

Más tarde, al llegar sus dos hijos de la escuela, ella ya tenía toda su ropa empacada. Se iría a casa de su mamá, en tanto se resolvía su situación jurídica. Les dijo que su papá la había maltratado y que debido a eso ya no podían vivir juntos. Cuando uno de ellos empezó a dar muestras de descontrol —los ojos se le habían puesto vidriosos— y quiso hablar, Paulina lo regañó: "Los hombres no lloran y te callas". "Después de tantos problemas todavía me sales tú con tus teatritos", terminó gritándole. Sólo eso me faltaba, tener hijos que no saben enfrentar la realidad de la vida, acabó por decirse a sí misma. ¡Caramba!

Esteban Malacara se sentía harto de su mujer. Siempre era lo mismo. Enojos, malas caras, recriminaciones constantes. La noche anterior intentó hablar con ella y sólo había encontrado gritos e insultos. Claro, reconocía que la había despertado, pero ¿qué las esposas no están para conversar con el marido cuando se les pide comunicación? Además, ¿ella no irrumpía en sus actividades y lo increpaba cada vez que le daba la gana? Ya no estaba dispuesto a que eso continuara. Se daba cuenta de que en esta etapa de su matrimonio Paulina se mostraba interesada nada más en su dinero. Al principio de su relación, eso sí, muy amorosa y pasional, y luego, pasando el tiempo, cada vez que la buscaba sexualmente, ella se mostraba evasiva o aburrida. "Hoy no, ¿qué no ves que estoy muy cansada?", le decía. O su queja y excusa permanentes: "Los niños y la casa me traen muy atareada y tú ni me ayudas, y nada más piensas en eso…"

Percibía un vacío enorme en su emotividad, dado que ella ya no le contaba sus cosas. Él había dejado de ser su confidente. Únicamente lo buscaba para pedirle, casi exigirle, más dinero. O bien, para que hablara y castigara a sus hijos, dizque porque le faltaban al respeto. Con toda seguridad no se daba a respetar y por eso no le hacían caso. Estaba cierto de que ella solamente quería que la mantuviera, la paseara y le diera buenos regalos. Como sus padres la habían consentido, se convirtió en una mujer inútil y demandante. De ahora en adelante le exigiría buenas caras y una incondicional disposición. Para eso era su marido. ¡Caray!

LO QUE HACEN MAL

☙ Ella

- Recuerda la ingrata escena de la noche anterior, no sólo para liberar su dolor, sino también con el afán de sentirse nuevamente humillada y así tener elementos que le permitan justificar su deseo de represalia.
- Si bien se permite llorar y expresar abiertamente su angustia y tristeza (lo cual es lo conveniente y sano, pues le facilita el poder recobrar su dominio emocional), no sabe enfrentar el problema y opta por descartar toda posibilidad de resolución.
- Convierte su malestar en deseo de venganza, ya que no tolera el haber sido lastimada y humillada por Esteban. No desea resolver las cosas con él, sólo desea lastimarlo para "equilibrar los agravios".
- Su orgullo la seduce y no la deja ver más que los errores de su pareja, nublándole la visión para observar los propios.
- Confunde la dignidad con el hecho de asumir una postura intolerante que no acepta ninguna reconciliación.
- Toma una decisión precipitada y radical al buscar el divorcio. Cierra toda posibilidad de resolución, perdón, reencuentro y entendimiento.

- Desconcierta y maltrata a sus hijos al actuar de una manera impulsiva, machista y grosera, reprimiendo la expresión de su desconcierto y dolor.
- Su intransigencia es muestra de un desconocimiento lamentable de la condición humana y, por supuesto, de la suya.

✒ Él

- Tiene multitud de quejas de su mujer y no toma ninguna determinación constructiva para poder resolver de fondo lo que le molesta. Lo único que hace es alimentar sus disgustos en su mente, como una forma de sentirse víctima de lo que le sucede.
- Su percepción de lo ocurrido raya en lo infantil, al no tomar conciencia de su propia responsabilidad en los problemas que le aquejan. Según él, la culpa de todo es de Paulina.
- No sabe valorar a su esposa y la descalifica. Únicamente se quiere dar cuenta de las aparentes o reales fallas de ella, descartando todas las virtudes que pueda tener.
- Considera, superficialmente, que Paulina es una mujer conveneenciera, frívola e incapaz, y que ha dejado de ser fácilmente accesible desde el punto de vista sexual, sin darse cuenta de lo burdo de sus actuales aproximaciones pasionales.
- Convierte sus frustraciones contenidas en descalificaciones y agresiones constantes para con su pareja. No sabe dirigirse a ella para aclarar sus inconformidades e intentar resolverlas.
- Su egoísmo es exacerbado. No piensa más que en él. Se olvida de que tiene una familia que requiere su atención, interés y tiempo.

- La única acción que piensa tomar es colocarse en una posición de exigencia para que ella satisfaga incondicionalmente sus expectativas.

🌿 Ambos

- Se comportan de manera caprichosa y destructiva, ya que no piensan en cómo resolver y reconstruir su relación deteriorada, sino en la manera de inculpar y castigar o someter al cónyuge.
- Están cegados por sus múltiples frustraciones y enojos contenidos. La escena de esa noche de mutuos reclamos (llena de incomprensión) hace que se desborde esa emotividad negativa almacenada a través del tiempo.
- Sufren, cada cual por su lado, sin darse la posibilidad de compartir su sentir para intentar comprenderse mutuamente.
- Toman decisiones unilaterales. Ella desea divorciarse por haber sido humillada de esa manera tan torpe; él quiere imponerse para que las conductas de ella satisfagan sus deseos.
- No saben resolver nada de la problemática que viven. Lo único que sí saben (lamentablemente) es agrandar sus conflictos y dificultades para buscar, primero, victimizarse, y después, reivindicar de manera agresiva lo que consideran sus derechos.
- Su conciencia de sí mismos y de lo que les sucede en su vida conyugal y familiar es muy precaria. El problema mayor es que, valga la redundancia, no tienen conciencia de esta carencia y de la forma en que está lastimando sus vidas. Se mueven, en muchos sentidos, a ciegas, en un mundo de situaciones que requieren conocimientos y formas de conducción personal bien estructuradas, si es que desean salir airosos y bien nutridos emocionalmente.

Desconcierto y tristeza. Ésos eran los sentimientos que anidaban en *Paulina Buenrostro*. No podía borrarlos de su mente ni tampoco de lo más profundo e íntimo de su emotividad. Su apariencia era un reflejo de una mujer dolida y sorprendida por una dura realidad que, aunque ahí estuvo presente desde hacía mucho tiempo, no se había manifestado abiertamente hasta hoy. Su mundo se hallaba ahora trastocado de forma por demás abrupta y violenta.

Lo sucedido la noche anterior la había llenado de un profundo dolor. No recordaba una experiencia similar en cuanto a lo duro, ingrato y desagradable de ese momento. Esteban estuvo completamente fuera de control, arrebatado, casi como un loco. Jamás lo había visto tan enojado y dolido. Notó su desesperación y su deseo, más que de solucionar las cosas, de darle salida a sus frustraciones y enfados. La había lastimado, humillándola y degradándola. En esos momentos de angustia y tensión, ella se dio cuenta del cambio brutal que había sufrido su relación de pareja, en otros tiempos tan amorosa y nutritiva. Lo veía con toda claridad. Un lamentable abandono de su interés primordial de años atrás. Mejor dicho, de ambos. De Esteban y de ella, que de alguna manera estaban derrotados por su inconsciencia y falta de atención y compromiso para con sus prioridades de vida. Reconocer ese hecho le añadía un nuevo motivo de dolor al que ya albergaba en su interior.

Percibió su forma de conducirse de los últimos años. Sus continuas quejas. Su constante insatisfacción y reclamo. Había convertido su disgusto en un refunfuñar su descontento en cualquier lugar donde se encontrara. Sin embargo, no había generado una sola acción comprometida y seria tendiente a resolver su situación. Dejaba que el tiempo actuara por sí solo, como si fuera un sabio cirujano de buena fe que, por su simple transcurrir, pudiera aliviar y resolver sus problemas. ¡Qué absurda y qué ingenua! Su pensamiento mágico no podía ser más infantil. Se percataba ahora de que su relación con Esteban se hallaba desgastada y en una total desatención, dejada completamente al garete, a ver qué tipo de vientos soplaban y hacia dónde la conducían.

Lloró, lloró mucho. Las lágrimas no querían abandonarla. Habían estado reprimidas y ocultas por una sonrisa grotesca, desleal e infiel con ella misma, por una máscara linda que logró esconder su equívoco proceder. Un proceder quejoso, pero inoperante. Totalmente ineficaz y que ahora, a través del dolor, empezaba a cobrarle una larga factura que hablaba de evasiones, represiones y muchas acciones vitales de crecimiento que quedaron pendientes.

Pasó toda la mañana intentando hacer las tareas del hogar, deseando recobrar su rutina. Sin embargo, algo físico, una contracción interna, extraña e ingrata, una especie de adormecimiento muscular, le impedía la agilidad habitual de sus movimientos naturales. Se movía con lentitud, como si ella misma fuera un bulto pesado que tuviera que arrastrar. Decidió abandonar lo que hacía y entrar a la regadera. Ahí, el chorro del agua caliente se deslizó por su cuerpo, una y otra vez, para procurarle una sensación grata y amable, una especie de ternura y cobijo. Se dejó acariciar. Los minutos fueron pasando, mientras su mente —aún cansada y embotada— poco a poco, comenzó a recuperarse, transformando su letargo inmovilizante en una rabia desconocida que le iba devolviendo fuerza. Adquirió, paulatinamente poco, una nueva lucidez. El descargo de su llanto parecía llegar a su fin. Empezó a erguirse, abandonado esa postura encorvada que la doblegó y que sólo le permitía dirigir la mirada hacia abajo, hacia el suelo, hacia lo que tenía que pisar. El jabón se hizo, en ese momento, su nuevo aliado y Paulina lo llevó a que recorriera sus atractivas y bellas formas, más que para lavarse, para prodigarse cariño y masaje ella misma. Su piel, firme y tersa, adquirió una tonalidad y una brillantez más allá de lo usual, como si, limpia y fresca, respirara con mayor libertad. Estaba, en cierta forma, transformándose por dentro y por fuera. Se sentía diferente. Sus piernas y sus muslos se tensaron y se dejaron ver como dos fuertes columnas de bronce. El torso recobró su plena verticalidad y los pechos se levantaron altivos y desafiantes. Al menos en apariencia, todo indicaba que ella no se derrumbaría de nuevo por evasiva y temerosa. ¡No más! Nunca más…

Relajada ahora, con el rostro pesaroso aún, pero ya sin lágrimas, Paulina se sentía fuerte. Descubría una renovada energía. Su tristeza y desconcierto se habían convertido en enojo y certeza. Una certeza hacia la necesidad del desarrollo de una nueva actitud. *Un enojo que no era con Esteban ni con las estupideces que hacía, sino con ella misma.* Por dejada, por su falta de amor para con ella y su carencia total de decisión para apropiarse de su vida y resolverla. No le volvería a ocurrir. Una decisión intensa y firme la invadía de pies a cabeza. Sacaría adelante su matrimonio, su familia y, claro, empezaría por sí misma. De hecho, era evidente que ya había comenzado a hacerlo.

Entre la furia, el alcohol y la terrible discusión, *Esteban Buenrostro* no podía dormir. Se hallaba dominado por una pasión insana que lo maltrataba sin piedad, como si fuera una salvaje ola de mar que lo revolcara contra la arena de la playa una y otra vez, sin ningún fin aparente. Las horas de esa noche, en que dio vueltas y vueltas en la cama de manera incontrolable, las recordaría por mucho tiempo. Estuvieron llenas de angustia por todas las pérdidas que, a pesar de su estado de afectación, percibía cada vez más certeras y cercanas.

Al otro día, al levantarse, la cabeza le punzaba intensamente y un amargo sabor le inundaba la boca. Volteó a ver a Paulina que parecía dormir, pero se dio cuenta de que se hallaba inquieta y sollozante. Percibió un repentino hueco en el pecho, dolido de ver postrada a su mujer. Pero, cobarde, prefirió no decirle nada. Temía su reclamo y mejor se escabulló. Se bañó, se arregló, desayunó cualquier cosa, tomó el auto y se fue, casi huyó hacia su oficina.

En el largo trayecto a su trabajo, un cargo de conciencia tenaz no le daba descanso. A pesar de tener el radio encendido para escuchar las noticias, no podía concentrarse en lo que oía y prefirió apagarlo. De inmediato, contactó sus sentimientos y su vergüenza. Pudo darse cuenta de su imbecilidad. No había una palabra mejor que describiera la forma en que se había comportado la noche anterior. Por momentos, se despreció. Generó sentimientos de autorrepulsa y comenzó a hostigarse mentalmente. Después, se gritó a sí mismo una serie de improperios para calmar el enojo que sentía contra su aborrecible proceder. Amparado por las ventanillas cerradas y el ruido del tráfico, sus violentas exclamaciones parecían ahogarse en la nada. Cansado, decidió detener el automóvil. Sabía que estaba perdiendo el control y le dio miedo exponerse a tener un accidente. Buscó un lugar adecuado y, después de un poco, se estacionó en una calle tranquila a la sombra de un árbol.

La inmovilidad lo tranquilizó. Dejó caer el rostro sobre el volante y permitió que las lágrimas brotaran abundantemente de sus ojos. Su pecho se expandía y contraía lleno de dolor. Sus gemidos expresaban no sólo su lamento, sino también su desesperación por todo lo ocurrido. Quería mucho a Paulina y se daba cuenta de que la había maltratado de forma tonta y brutal. Además, tomó clara conciencia de que lo sucedido ayer era tan sólo el punto culminante de un trayecto nefasto de abandono y descuido que se inició años atrás. Años en los que lejos de enfrentar y resolver sus problemas de una manera responsable y comprometida, únicamente los había evadido, examinándolos en su mente, día y noche, una y otra vez, de forma obsesiva e inútil. Para colmo, recordaba que en las escasas oportunidades en que se permitió hablar de ellos, lo hizo con sus perpetuos compañeros de juego, los que se convirtieron en esas malhadadas ocasiones no sólo en sus incondicionales escuchas, sino también en sus cómplices anodinos. No pudo, a través de esas confesiones quejosas, obtener para él más que indignación, exaltación y desprecio por lo que le ocurría. Nunca ninguno de sus amigos lo confrontó. Nadie se atrevió a hacerle ver su parte de responsabilidad en la problemática que llegaba a atormentarlo. Quizá fuera ignorancia de ellos, dolor compartido o impotencia para apoyarlo de fondo. En cualquier caso, de nada bueno le sirvió. Fue un tiempo mal ocupado. Muy mal ocupado.

Poco a poco, Esteban intentó recuperar la compostura. Respiró hondo y se limpió la cara. El llanto le había descompuesto el rostro. Se veía patético y triste. Levantaba la cabeza y miraba al frente, fijando la vista en un punto determinado, pero sin ver realmente nada. No podía concentrarse. Su cabeza daba vueltas y se llenaba de pensamientos diversos que se cruzaban por su mente, generándole mareos momentáneos. Se aferró al volante y dejó caer la cabeza otra vez sobre él. Se recriminó de nuevo por su conducta, pero ahora ya no impulsivo ni rabioso, sino más dueño de su emotividad. Finalmente, pasado un tiempo, comenzó a entrar en dominio de su persona. Salió del auto, lo cerró y vagó por las calles. Sentía el cuerpo débil y cansado, como si estuviera hecho de trapo. Lo que más le dolía, además del reconocimiento de la actitud hostil y grosera que había asumido con Paulina, era darse cuenta de su necedad para no observar la realidad de su vida familiar. Apreció que no valoraba en su justa dimensión lo que sí tenía y, en cambio, amplificaba y evadía sus problemas conyugales. Veía que él se generaba la mayor parte de sus malestares. Había actuado de manera por demás egoísta y soberbia. Ahora lo podía reconocer.

Habló a la oficina desde su teléfono celular y avisó que no se presentaría. Dijo que se sentía mal, pero que al día siguiente estaría puntual como siempre. Subió a su auto y se encaminó a casa. Estaba sumamente nervioso, pero no iba a dejar las cosas como estaban. Tenía que disculparse con Paulina y hablar con ella. No sabía qué respuesta obtendría, pero él no estaba dispuesto a continuar siendo un cobarde, incapaz de adueñarse de la resolución de sus problemas y, por ende, de su propia vida.

LO QUE HACEN BIEN

☙ Ella

- Observa todo su dolor. No lo niega, ni lo transforma en un enojo que sólo busque lastimar a Esteban como una forma de revancha.
- Se da cuenta de esa maraña de sentimientos ingratos que la tienen sometida. Se siente desconcertada, muy triste y humillada, y es capaz de darles salida a través del llanto.
- Ese abrupto y duro malestar la lleva a observar y a reflexionar sobre su conducta y la de Esteban, no para encontrar culpables, sino para detenerse a ver los errores que han cometido.

Descubre el abandono en que han tenido su relación de pareja y decide que eso no puede seguir así, que requieren atenderla generosamente para repararla.

- Sabe que él esta desesperado, pues su arrebato de la noche anterior es muestra clara de que algo muy grave lo tiene apresado, por lo que trata de entenderlo, aunque, por supuesto, no lo justifica.

- No quiere repetir la inutilidad de una interacción estéril que los desgasta y los hace sentirse solos e incomprendidos.

- Cuando se encuentra bajo el chorro del agua empieza a recobrar toda su fortaleza, como consecuencia de que no gastó energía en reprimir su tristeza y su enojo. A los dos les da salida. A la primera, a través de ese llanto, que por momentos parecía que se soltaba por sí mismo, pero que después fue capaz de mantenerlo bajo su control. Al segundo, tomando nota de su presencia y expresándolo en una actitud firme y determinante con ella misma, para sacudir su negligencia y poder encauzarlo a tomar decisiones inamovibles a su favor y el de su familia toda.

๛ Él

- Pasada la confusión de su infeliz desplante nocturno, nota toda la angustia que una situación tan grave y lamentable le provoca por las pérdidas que puede producirle. Está consciente de las consecuencias que puede tener un evento de esta magnitud.

- Se conduele de la pena que le provoca a Paulina. Por primera vez en mucho tiempo es empático con ella y "le duele su dolor".

- Más adelante, se arrepiente por lo que hizo la noche anterior, y ha dejado de hacer (como esposo y padre cercano y cálido) durante los últimos años. Se muestra descontrolado y molesto. Se fustiga, como una forma de expresar su malestar consigo mismo. Sin embargo, poco después, transforma esa energía autodestructiva en otra, encaminada a atender y resolver sus diferencias con Paulina.

- Su decisión de reparación la concreta de inmediato y, dándole prioridad sobre todo lo demás, encamina sus pasos a la petición de perdón y a la reconciliación con su esposa.

✿ Ambos

- Son capaces de darse cuenta de sus errores y aceptarlos. No inculpan nuevamente al cónyuge por los problemas y malestares que tienen que enfrentar y resolver. Se hacen responsables de su mal actuar.

- Expresan abierta y libremente su dolor contenido durante tanto tiempo. Se dan la oportunidad de no ponerse cortapisas que limiten su adecuada expresión liberadora.

- No buscan corregir al cónyuge, sólo a sí mismos, para lo cual están decididos a buscar los caminos que los hagan mejorar como personas.

- No optan por anular la relación, sino por el contrario, desean rescatarla. Tienen claro su cariño y compromiso de vida.

- Saben que les costará mucho esfuerzo y trabajo salir adelante, pero no se doblegan por esa circunstancia.

- Son realistas con su proyecto familiar. Entienden que no han sido lo suficientemente sensibles para apreciar y disfrutar lo que es valioso de su cónyuge (e hijos, en el caso de él) y que requiere una atención y un cuidado especiales.

- Muestran su madurez como individuos al buscar asumir el control de su existencia, quitándole las riendas a sus amargas quejas y emotividades irascibles.
- Dejan guardada bajo doble llave a la devastadora soberbia. Es esta buena característica la que les permite hacer todo lo anterior.

EXPECTATIVAS, QUEJAS E IMPORTANCIA PERSONAL

♣ ¿Por qué nos quejamos?

Porque todos estamos en la creencia de que nuestra forma de ver el mundo es la correcta, y cuando las cosas no se dan como nosotros quisiéramos, entonces levantamos nuestra airada voz para expresar nuestro disgusto. Es decir, nos quejamos. No nos detenemos a considerar que nuestra visión de la realidad *necesariamente es parcial*, y en algunos casos (o quizás en muchos) puede ser equívoca.

En las relaciones de pareja la queja se deriva de que las conductas y los comportamientos del cónyuge no son como suponemos que deberían ser, además de que estamos convencidos de que no tiene conciencia clara de sus errores o no los acepta ("no le ha caído el veinte"), y por lo mismo no está haciendo lo necesario y adecuado para corregirlos.

Todas las quejas proceden de una frustración, y ésta, a su vez, de una *expectativa insatisfecha*. Si queremos aligerar el camino de las relaciones familiares debemos revisar la validez de nuestros anhelos. Quizás en algunas ocasiones seamos muy exigentes y nuestros deseos no correspondan a lo que es humanamente alcanzable (si bien en otras puedan ser perfectamente válidos).

❧ La queja

La queja es una expresión de inconformidad que coloca al agraviado en una posición de víctima. *El tono de voz* es el gran delator del quejoso, pues no es tanto lo que dice, sino cómo lo dice, lo que lo identifica. Su forma de expresarse, lamentándose, invita a que se le tenga conmiseración.

❧ Formas diversas de expresar las quejas

Por supuesto no todas las quejas se viven de igual manera. Es necesario diferenciarlas. No es igual la queja del que sólo desea llamar la atención sobre sí mismo, a la que se expresa al supuesto ofensor para manifestarle una inconformidad sobre su actuar, con el ánimo de resolver una determinada situación desagradable.

En el primer caso, el quejoso se vuelve *quejumbroso*, y con frecuencia se la pasa dándole una salida lateral a su malestar, es decir, va por el mundo dándole a conocer a los demás las situaciones difíciles por las que atraviesa y que le pesan sobremanera, sin encontrar jamás la salida a sus dificultades.

En el segundo caso, cuando quien se queja utiliza un tono asertivo para dirigirse al otro y expresarle su descontento, tiene buenas posibilidades de hallar una solución que pueda satisfacer sus demandas, sobre todo si son justas.

Existe una manera de albergar la queja, que seguramente es la peor de todas. Es aquella en la que *el individuo la guarda dentro de sí*. La rumia en su mente con obsesión y no la manifiesta abiertamente. Su actitud y sus gestos muestran su desagrado, pero, en virtud de que no verbaliza nada, no es posible saber lo que le molesta. En estos casos, la pareja, los padres, los hijos o los hermanos (según el rol que tengan con el afectado) pueden especular al respecto, pero como no saben en realidad lo que le sucede, están atados de manos para ayudarle.

El no escuchar ni atender los reclamos del quejoso (tenga o no razón) hará que se perpetúen en el tiempo y se conviertan en situaciones crónicas que desgastarán rápida y seriamente cualquier tipo de relación de manera muy importante.

❧ *Intencionalidad*

Nos ocurre también, con muchísima frecuencia, que damos por hecho que, cuando nuestra pareja, o nuestros hijos, no satisfacen las expectativas que hemos puesto en ellos, lo hacen de esta manera por su incomprensión, y como si no les importara mayor cosa que nos sintamos lastimados. Incluso llegamos a pensar que intencionalmente desean hacernos algún daño, o al menos que quieren llevarnos la contraria. No es así. En general (salvo algunas excepciones), sus formas de actuar o las omisiones que puedan llegar a tener son tan sólo un reflejo de *sus características personales*, por supuesto *diferentes a las nuestras*.

❧ *Tomarlo como algo personal*

Lamentablemente, los seres humanos somos muy dados a sentirnos ofendidos y a tomar las acciones desagradables de los demás como algo personal. Nos hacemos mucho daño pensando así. Nuestro ego se siente afectado y lastimado, y se pavonea con su malestar. Los egos lastimados siempre se enfurecen y crecen en magnitud y en demandas. *Un ego lastimado y resentido* puede pasarse una vida entera intentando reivindicarse y vengarse, buscando lastimar al otro, sin importarle si, actuando de esa forma, se daña a sí mismo.

❧ La inconformidad

Es evidente que no puede gustarnos todo lo que ocurre a nuestro alrededor, y es *sano* y *adecuado* expresar nuestro desacuerdo. El problema con el quejoso habitual es que se muestra inútil para resolver algo y se coloca en una posición de afectado y mártir de las circunstancias.

Nuestra inconformidad, como decíamos antes, conviene expresarla en un tono asertivo y seguro. Sin lamentaciones, con el ánimo de *resolver*, no de *recriminar*. Recordemos que el reclamo invita al rechazo, la defensa y la agresión. Evitemos pagar ese precio.

❧ La necedad

Pocas cosas son tan humanas como la necedad. Estamos tan seguros de que nuestra visión del mundo es la correcta, que nos cerramos a escuchar las que plantean los demás. *Es un gran error.* Esta característica es fuente interminable de conflictos no resueltos, de pleitos constantes y de enormes sentimientos de incomprensión. Y, para mal del mundo entero, *todos la poseemos*, en mayor o menor grado, pero todos somos necios. Lo que pasa es que el ego, *soberbio*, piensa que nadie le puede corregir la plana y lucha denodadamente por imponer su punto de vista. Cree siempre tener la razón.

Por ello es fundamental trabajar *durante toda la vida* para ir reduciendo nuestras necedades. Si lo hacemos así, aligeraremos nuestro andar cotidiano, porque tendremos menos dificultades para entendernos con los demás, y veremos, en la discrepancia con ellos, una forma de aprendizaje y crecimiento, en vez de un encuentro de egos que se pelean por imponerse, de manera por demás infantil y absurda.

♣ *El caso de Paulina y Esteban*

Sería pueril y fantasioso suponer que *Paulina* y *Esteban Buenrostro,* con el solo hecho de reconocer sus errores y las muchas omisiones en su vida matrimonial, sus problemas estarán resueltos. Por supuesto que no. Tendrán que trabajar mucho para ir modificando sus actitudes y creciendo individualmente y como pareja. Lo que sí es cierto es que *a partir de ese momento de decisión y compromiso* su relación conyugal empezará a cambiar de manera constructiva. Además, se darán cuenta de que esas dificultades entre ellos tienen un sentido de aprendizaje. Descubrirán que esas diferencias que los confrontan es la forma de la que se vale la vida para forzar el desarrollo permanente de los individuos, ya que si no aprenden y crecen, pagarán de continuo el precio de sus necedades y cerrazones.

Cuando la pareja acepta aprender del cónyuge, su existir *se vuelve más relajado y cobra sentido, sentido de vida.*

Nota

Este libro trata de situaciones cotidianas que caen dentro de lo usual y previsible dentro de las relaciones conyugales y familiares. No revisa aspectos extremos, como pueden ser los golpes, las violaciones o cualquier otro tipo de actitud o conducta que dañe severamente la dignidad de la persona humana. En estos casos lo que procede no es una queja, ni una comunicación asertiva, sino una denuncia formal ante las autoridades.

¿PUEDEN HABLAR DE SUS FRUSTRACIONES?

1 ¿Qué es lo que más les disgusta de la forma de ser de su pareja?

2 ¿Se lo han dicho ustedes? ¿Cómo han reaccionado? ¿Se sienten escuchados?

3 ¿Saben lo que les desagrada a uno y a otro?

4 ¿Cuáles son sus frustraciones de vida? ¿Lo han sabido compartir con su pareja?

¿Y DE SUS QUEJAS?

1 ¿Son quejumbrosos, o simplemente quejosos?

2 ¿Se dan cuenta del tono de voz que utilizan cuando expresan una queja?

3 ¿Saben ser asertivos? ¿Son capaces de identificar con claridad las diferencias que hay entre el tono quejoso y el asertivo?

4 ¿Cómo responden los demás cuando expresan su inconformidad en una forma adecuada? ¿Y cuando no?

¿DE SU EGO?

1 ¿Tienden a sentirse lastimados con facilidad?

2 ¿Se dan mucha importancia? ¿Qué tan orgullosos son?

9. Lealtad a la familia de origen
Con mis papás no te metas

*Nos toca descubrir y reconocer con amor
lo bueno y lo malo que nuestros padres
nos transmitieron cuando éramos niños.
La influencia de esos primeros años
la arrastramos toda la vida.*

De manera consciente, y muchas veces inconsciente, todos guardamos con un celo especial una fuerte lealtad a nuestra familia de origen. Lo que nuestros padres, o las personas que nos criaron, nos enseñaron de pequeños, quedó grabado en nuestra mente como un intenso modelo de vida que nos sirve de referencia, ya sea que busquemos repetirlo o ir en contra de él.

*H*a pasado poco tiempo. Apenas el suficiente para que esa optimista y vivaz pareja de recién casados comience a establecer las que serán sus formas de convivencia. Ha habido todavía pocas oportunidades para las desavenencias, pero por las pequeñeces que eventualmente los confrontan se vislumbran en su horizonte algunas nubes cargadas de inquietudes y problemas.

En otro ámbito, en contraste con lo anterior, el entorno que la naturaleza ideó para acompañarlos en ese día muestra un sol que relumbra orgulloso de su majestad, y que le procura su animoso calor al grato porche que da al jardín trasero de la casa.

La comida transcurría de manera amable cuando, de improviso, Eduardo fue reprendido por su perspicaz esposa Diana:

—Ya te he dicho que no partas así el aguacate. ¿Por qué será que tengo que repetirte las cosas para que las entiendas?

Sorprendido por el reclamo, Eduardo alzó las cejas, masculló algo inaudible e inició el proceso de llevarse un bocado de ese sabroso fruto a la boca. Le guiñó un ojo e intentó ser simpático, para de alguna manera intentar aligerar la tensión que se dejó sentir por breves momentos.

Diana cortó su enojo y permitió que una ligera sonrisa apareciera en su rostro, dulcificándolo y acrecentando su belleza. Meció el cabello con cierta coquetería y viendo a los ojos a Eduardo le explicó:

—Disculpa, pero sabes que te he pedido que no hagas eso. Sé que te es difícil hacer las cosas como debe ser.

—Discúlpame tú, pero no estoy haciendo nada indebido. En mi casa siempre partíamos el aguacate de esa forma, de manera transversal. Ignoro el porqué de tu obsesión para que lo haga de otro modo.

—Pues en la mía lo hacíamos a lo largo y es evidente que es más fácil así para podérselo comer. Además, yo no sé por qué le das tanta importancia a algo tan simple. No nos vamos a pelear por una minucia. ¿O sí?

Eduardo, perplejo y consciente de la contradicción de lo que escuchaba, prefirió guardar silencio y no proseguir con una discusión que parecía de niños pequeños. Los dos hicieron como que nada pasaba y continuaron comiendo. La ensalada tenía un excelente aderezo y siguieron disfrutándola, mientras en el firmamento de un azul intenso unas intrusas nubes blancas de movimientos diligentes y sensuales aparecían disimuladas y joviales, deseando adornar con su presencia el paisaje y contribuir así al esplendor visual de la jornada.

Horas más tarde, en la noche, antes de irse a dormir, Eduardo se dirigió al lavabo para lavarse la boca. Observó que la pasta de dientes estaba fuera de su lugar y apachurrada por todos lados. Enseguida se molestó. Recordó su insistencia para que Diana la apretara de abajo hacia arriba y, de esta forma, poder sacar todo el producto sin que se desperdiciara nada. Pero, por lo que veía, sus palabras se las llevaba el viento, pues ella no le hacía ningún caso. Incómodo, procedió a enderezar el tubo y a colocarlo en su lugar después de haberlo utilizado. Refunfuñando, terminó de asearse y se fue a acostar.

Al meterse entre las sábanas vio de reojo a su esposa que en ese momento se desvestía lentamente para ponerse un breve y atractivo conjunto para dormir. Diana se hallaba de espaldas y se desnudó. Cuando ella cambió de posición para colocarse el ligero sostén, él pudo vislumbrar por unos instantes sus hermosos y generosos senos, libres de ataduras, firmes y orgullosos. La vista de esa deslumbrante imagen lo dejó maravillado. Volteó a verla directamente y dejó que sus ojos se extasiaran. La contemplación de ese cuerpo joven y bello era un regalo portentoso. Diana, concentrada en lo que hacía, no se dio cuenta de que era observada. Realizaba su rutina nocturna inconsciente de que semejaba una deliciosa y armónica danza, cargada de un desbordado erotismo. Después, al bajar Eduardo la mirada y observar sus muslos y piernas bien torneados, se imaginó acariciándola toda, besándola y disfrutando con ella. De inmediato, su naturaleza entera se encendió y el deseo apareció fogoso e impaciente.

Sin embargo, prudente, si bien muy ansioso, esperó a que su pareja concluyera con su agraciado ritual, dispuesto a buscarla en cuanto se introdujera en la cama.

Pero… las azarosas y traviesas artes del destino instaron a que los minutos pasaran demasiado lentos, ya que Diana se entretuvo guardando unas revistas desperdigadas por el suelo y levantando la ropa sucia que se hallaba tirada en diferentes lugares de la recámara. Y ello provocó, para la muy mala fortuna de Eduardo, que ya para ese entonces había dejado divagar sus pensamientos a otros asuntos más burdos y triviales, que de la manera más inoportuna y tonta se le ocurriera reclamarle a su cónyuge su supuesta desatención para con él:

—Oye, mi vida, ¿por qué no me has hecho caso y sigues apretando la pasta de dientes en esa forma tan descuidada?

Ella, que recogía lo que él había dejado desparramado por todos lados, y que además venía de limpiar la cocina, cansada del cuerpo y harta de sus actividades del día, sintió como si la pregunta fuese una bomba que hubiera caído en un campo de ortigas. La explosión fue inmediata.

—¿Por qué me dices "tan descuidada"? ¿Tú eres muy cuidadoso? Dejas todo botado y yo tengo que recogerlo y me sales con que la descuidada soy yo. Valiente cosa. Descuidada la más vieja de tu casa, cuate. ¿Qué te pasa?, ¿además, qué pasta? Y ¿sabes qué?, mejor cállate, porque ya me hiciste enojar.

—Pero, linda, por favor, no lo tomes así. Tan sólo deseaba recordarte algo. ¿Qué no se supone que las amas de casa deben ser pulcras y lindas?

—¿Me estás diciendo que soy una vieja fodonga?

—Mi amor, yo no dije eso. Simplemente te estoy externando que me gustaría que fueras más responsable con tus obligaciones…

—Seguramente como lo era tu mami, ¿no? Como cuando eras pequeñito, ¿verdad, Eduardito?

—Mira, con mis papás no te metas, Diana, que yo no me meto con los tuyos, a pesar de que son unos pesados.

Diana no quiso responderle. Unas lágrimas de coraje y tristeza empezaron a cruzar su rostro. Eduardo, sorprendido y arrepentido, se levantó y se acercó adonde se encontraba para acariciarle el rostro, pero ella no lo permitió. Por el contrario, se hizo para atrás y se metió en el baño. Cerró con llave. No abrió, a pesar de las súplicas insistentes de su marido. Ante la frustración, Eduardo se enojó y, descontrolado por la emoción, comenzó a gritarle y a decirle frases sarcásticas y cada vez más hirientes. Ella continuó llorando a solas y no salió hasta que el silencio se hizo patente en la habitación.

Cuando se acostó, después de haberse tranquilizado, Diana percibió un lastimoso vacío en el cuarto. Intuía con claridad que su esposo no dormía y esperó a que se disculpara. No lo hizo y su dolor se acrecentó. Él, por su parte, sacaba lágrimas de coraje que su orgullo masculino no quería mostrar. Contenía y ahogaba sus sollozos, por miedo a perder la imagen que se había formado de su supuesta verticalidad de hombre fuerte y resistente.

En esta oportunidad, la noche no fue aliada del reposo. Ninguno de los dos pudo descansar. Sus sueños se cortaban y, al hacerlo, los enfrentaban con su dolor y su tristeza. Y aunque ansiaban hablar para reconciliarse, el orgullo les impedía dar el primer paso, argumentándose a sí mismos que el otro tenía que hacerlo por haber iniciado el pleito.

A la mañana siguiente, la intensa luz que dejaban translucir las cortinas de la recámara los presionaba para que abandonaran de una vez la cama. Notaban con angustia lo absurdo e ingrato de esa contradicción de tener una persona al lado, a escasos centímetros de distancia, pero a la vez completamente lejana. Sabían que el hueco emocional que los corroía no podía ser llenado sin una genuina y profunda comunicación entre ellos, que les permitiera tender esos puentes que logran enlazar nuevamente las afectividades cuando son tonta y bruscamente afectadas. Mas ellos estaban pasmados, con la mente nublada y con la iniciativa paralizada.

Los movimientos perezosos de sus cuerpos, ahora lastimados por la desazón, continuaron inquietos, y las respiraciones sonoras que emitían de forma intencional intentaban llamar la atención del otro para generarle la necesidad de respuesta y lograr abatir así el distanciamiento. Estaban dolidos y eran conscientes no tan sólo de su propio malestar, sino también del de su pareja, lo que les amplificaba su aparente impotencia.

Por ser día domingo no les corría prisa por levantarse, pero la zozobra era tan virulenta que decidieron pararse y arreglarse. Lo hicieron pausadamente, aunque sin dirigirse la palabra. Se encontraban nerviosos y mortificados, pero guardaban celosamente su sentir, como lo hubieran hecho dos malos amantes que en algún lance en particular no hubieran podido darse mutuamente en plenitud y se hallaran apenados. Rumiaban su congoja a cada momento y por toda la casa, defraudados de sí mismos y acobardados por una triste situación que parecía rebasarlos. Además, sentían una culpa añadida, por el hecho de saber que estaban desperdiciando el tiempo, al dejar pasar, lenta y lastimosamente, la clara oportunidad de poder resolver sus dificultades y arranques emocionales inmaduros. Era el momento de enfrentar la situación, pero no lo hacían; daban muestras de una lamentable actitud que sólo lograba inmovilizarlos. No sería este fin de semana como los anteriores, en que una fácil y espontánea disposición de ánimo les permitía hablar de sí mismos, de sus cosas, de sus anhelos y frustraciones. Hoy la vivencia era otra. Dolorosa y cargada de vergüenza, por no poder acceder a una adecuada resolución de lo que les acontecía.

Cerca de la hora de la comida, Eduardo, hambriento por el frugal desayuno que apenas se pudo preparar, buscó a su mujer para preguntarle qué iban a comer. Lo pensó bien antes de hacerlo, porque no quería echarle más leña a la hoguera. Su prudencia le aconsejó que midiera sus palabras para evitar una nueva sobrerreacción de Diana, ya que, aunque la apreciaba más tranquila, podía observar con claridad la tristeza que emanaba de su mirada. Lo anterior lo llevó a decidir invitarla a comer. De esta manera podría resolver al menos y sin mayor riesgo esa necesidad fisiológica primordial que en ese momento se manifestaba como un incómodo vacío.

—Oye, linda, te invito a comer. ¿Por qué no vamos a ese lugar de comida china que tanto te gusta? Hace unos días querías ir ahí.

Diana, un tanto desconcertada por la pregunta, arqueó las cejas, volteó a verlo, y no contestó. Él, insistente y buscando ser tierno, se volvió a dirigir a ella:

—Recuerdo que hay unos platillos que te gustan mucho. Vamos, y sirve que podemos platicar.

—No me siento con ánimos de salir a pasear contigo, después de lo que pasó. Desde anoche y en toda la mañana no te has dignado a dirigirme la palabra, ya no digamos disculparte por tu comportamiento. ¿Cómo piensas que quiera salir contigo?

—Bueno, mira, sé que estamos disgustados, pero tenemos que comer, ¿no? ¿Por qué no vamos y aprovechamos para hablar de nosotros?

Diana no sabía qué contestar. Por un lado veía el deseo de reconciliación de su marido, pero por el otro se sentía muy lastimada y él aún no se había disculpado. Además, parecía que le mortificaba más alimentarse que resolver el problema de anoche. Su mente, dividida, luchaba por encontrar la mejor respuesta. La decisión tendría que tomarla pronto, pues la pregunta danzaba en el aire, y si prolongaba el momento de incertidumbre se arriesgaba a que su silencio fuera interpretado como una negativa o como una forma de desprecio. Y en las circunstancias por las que atravesaba ella no quería dejar ninguna ambigüedad que fuera luego motivo de cuestionamiento. Volteó a ver a Eduardo y con los ojos fijos en los de él, ya clarificada su intención, le dio su respuesta con voz clara y audible.

¿QUÉ PASARÍA SI DIANA Y EDUARDO FUERAN LOS MALACARA?

Cの

El tiempo transcurrido entre pregunta y respuesta pareció alargado de manera artificial por el desconcierto de ambos protagonistas. Una gran tensión se apoderó del espacio y se percibía que algo desagradable estaba por ocurrir. Y… así fue. Cuando, momentos después, *Diana Malacara,* ya decidida, abrió su ahora incontenible boca, una furia desbordada salió de ahí y se esparció por todas partes. Daba la impresión de que las horas transcurridas desde la noche anterior, actuando como una levadura enfermiza, hubiesen logrado acrecentar de forma innecesaria su dolor. Sus habituales características de impulsividad, aunadas al enojo y la frustración que la corroían, la llevaron a una situación límite en la que perdió el control sobre sí misma. Y despotricó. Vaya que si despotricó. Empezó a decirle a Eduardo que era un niño mandilón y malparido, fruto de una relación de dos individuos resentidos e infelices. Se metió con su forma de ser, con la educación que había recibido y hasta con sus amigos y el fastidioso jefe al que tanto adulaba en su trabajo. Cansada, finalizó espetándole que era un irrespetuoso y que se arrepentía de haberse casado con él.

Desahogada del malestar que la había invadido, empezó a darse cuenta de su brutal exceso y se arrepintió. Estuvo a punto de rectificar, pero el orgullo se presentó diligente, demandándole que se sometiera a los deseos de venganza de manera inmediata y urgente. Le susurró al oído que había sido herida y que las cosas no se podían quedar así. Por eso prefirió callarse y no decir nada, aunque una parte de su ser insistía en buscar la reconciliación. Respiró hondo y pacificó sus ánimos. Se veía aparentemente tranquila, pero su rostro se desencajó de nuevo y dejó ver una mueca de desprecio y rencor. A pesar de que en segundos su vida conyugal estaba hecha una piltrafa, no intentó recomponer nada. Se quedó paralizada, como pasmada, y se fue despacio a la recámara. Sin prisa. Por supuesto, cerró con llave por dentro.

En soledad, sin que nadie se percatara, las lágrimas que se habían presentado en un principio como una delgada capa de agua tibia que cubría sus ojos, finalmente se convirtieron en una secuencia casi incontenible de llanto y sollozos.

Eduardo Malacara se veía completamente descompuesto. Su tristeza lo cubría de pies a cabeza. Al fin se daba permiso de expresar su dolor y amargura. Él mismo se desconocía. Después de haber luchado durante toda su vida para guardar las apariencias emocionales y no mostrar lo que él consideraba "sus debilidades", hoy perdía lastimosamente la que suponía era una batalla fundamental. Aparte de dolido, estaba asustado por la fragilidad que apreciaba en sí mismo. Pero él, tenaz, no se daría por vencido en esta lucha incomprensible y devastadora. Para su fortuna, Diana no se percató de su caída emotiva. Quizás tan sólo habría notado cierto resplandor de congoja en su mirada. Nada más. Él, ahora ya recobrado, no permitiría que su esposa se saliera con la suya y con sus caprichos de niña consentida. Faltaba más. Si a alguien le habían fastidiado la vida sus padres era a Diana, quienes con su sobreprotección la convirtieron en un ser con cero tolerancia a la frustración. Criaron una verdadera niña babosa. En cuanto saliera de la habitación le reclamaría y le mostraría quién manda en esta casa. Y si no le parece, pues "que ahí se vea". ¿Qué no se dará cuenta Dianita de que si algo sobra en este mundo son mujeres?

LO QUE HACEN MAL

ುೇ Ella

- No tiene control sobre sus impulsos y se deja llevar por sus arrebatos, sin importarle que lastime a su cónyuge. Desata una furia incontenible.
- Muestra una gran inmadurez al no saber tomar nota de su emotividad, lo que, de poderlo hacer, le permitiría darle un cauce adecuado.
- Se conduce como una niña berrinchuda que no sabe tolerar lo que la incomoda o la frustra. Grita y se desespera con suma rapidez.
- No sabe resolver situaciones cotidianas y al menor desencanto se enoja con Eduardo y arremete contra él. Involucra a sus suegros y los insulta, haciendo crecer el problema.

- Se muestra agresiva de inmediato ante cualquier reclamo. No se detiene a escuchar, simplemente busca defenderse de cualquier cosa que supone un cuestionamiento.

- Toma los sucesos desagradables de manera personal, es decir, deja que su ego se sienta lastimado, como si todo fuera en contra de ella.

- Se encierra en sí misma, cancelando toda posibilidad de aclaración y reconciliación.

- Es capaz de arruinar su vida de casada por situaciones a las que les da una magnitud desproporcionada.

- Carece de un verdadero compromiso para consigo misma, con su pareja y con su matrimonio. Prefiere la revancha hacia Eduardo, que buscar una salida para encontrar la reconciliación a lo ocurrido, sin hacer caso a la propuesta que le plantea él de ir a comer para platicar.

- Aunque se arrepintió de sus excesos agresivos, el orgullo pudo mucho más que ella. La doblegó y sometió con suma facilidad, por lo que no permitió ningún tipo de rectificaciones. Reaccionó endureciendo y volviendo rígida su posición.

❧ Él

- Si bien ha guardado su sentir con mucho recelo, pues considera que es de personas débiles expresar su emotividad, en esta ocasión no puede contenerse y llora.

- Este signo, que podría ser positivo, pues habla de que está expresando sus sentimientos dolorosos, lo avergüenza y busca ocultarlo. No supo reconocer el descanso que seguramente obtuvo por habérselo permitido.

- No sabe ser paciente y, ante sus frustraciones para lograr sus objetivos, reacciona con impulsividad y agresividad. Maltrata con facilidad y no se percata de lo lamentable de sus reacciones.
- Tampoco tiene un manejo adecuado de sus sentimientos, ignora lo que está pasando de fondo y no sabe cómo encarar una situación como la que está viviendo.
- Pone las cosas en una situación de todo o nada, como si fuera una lucha en la que hay que vencer necesariamente.
- No entiende lo que ocurre con Diana y simplemente se deja llevar, al igual que ella, por su propio arrebato.
- El orgullo puede más que él. No se pone a considerar que las actitudes y conductas que asume por darse importancia, únicamente le provocan más y mayores dificultades.
- Tiene una visión superficial de su relación de pareja. Su pensamiento es francamente inmaduro y machista.
- La palabra "compromiso" es completamente desconocida para él. No se da cuenta de que la vida en pareja y en familia requiere saber enfrentar y resolver todas las situaciones difíciles que se le presenten.
- Decide romper su relación de pareja con Diana, si ella no se somete a su voluntad; se da un argumento superficial y banal al decir que "hay muchas mujeres en el mundo".

🌿 Ambos
- Hacen de su compromiso conyugal un juego de caprichos y maltratos en el que nada importa, salvo salirse con la suya.
- No asumen el respeto que cualquier relación exige. Seguramente, con los demás, saben cuidar las formas. Sin embargo, entre ellos se olvidan de tener consideraciones y no les importa lastimarse sin medida.

- Sus egos infantiles no desean ser tolerantes ante lo adverso. Se enojan con facilidad, reclaman, se muestran impacientes y no son capaces de enfrentar con seriedad una situación difícil para lograr resolverla.

- Sus orgullos exaltados hablan por ellos y no conocen la manera de transigir. No son capaces de reconocer sus faltas ni, por supuesto, de acercarse para pedir disculpas.

- No tienen conciencia de lo que significa formalizar una relación de pareja. No se han cuestionado sobre "el sentido" de hacerlo, el "para qué" de la unión entre ellos. Son de una superficialidad que difícilmente les permitirá aprender del otro y crecer juntos, a partir de compartir anhelos, deseos, frustraciones, miedos y necesidades.

- Desprecian su futuro como personas, pues no quieren o no saben la manera en que necesitan capacitarse para enfrentar el mundo. Un mundo cada vez más complicado y estresante, que puede enfrentarse en mejores condiciones si se hace de la mano de la pareja con la cual decidieron vivir.

¿Y si fueran los Buenrostro?

A pesar de que la duda no la dejaba ver con claridad, *Diana Buenrostro* pensó que era ya un exceso continuar con esa forma absurda de conducirse. Se dio cuenta de que la manera en que se habían comportado, tanto ella como Eduardo, eran dignas muestras de lo que no debiera hacerse nunca. La inmadurez y el infantilismo de que habían hecho gala eran realmente vergonzosos. Se mostraron incapaces de resolver sus diferencias y de relacionarse de modo responsable consigo mismos y con el otro. Se apenó. Incluso un ligero rubor accedió a sus tersas mejillas de mujer joven. Le causó dolor recordar todos los desplantes que había tenido por situaciones que ni siquiera entendía bien. Aunque se sentía lastimada por todo lo que le dijo Eduardo, sabía que lo que ocurrió fue que él había respondido a su propio descontrol y a la rabia que se generó a sí mismo por su escasa disposición para enfrentar problemas de índole personal o relacional. De alguna manera deseaba exculparlo. Lo mejor era acceder a su petición de ir a comer y, al mismo tiempo, tratar de aplacar esa vocecita fruto de su orgullo herido que le decía al oído que "se mantuviera enojada hasta que Eduardo se disculpara".

—Bueno, vamos —dijo, un tanto temerosa, pero atendiendo a una imperiosa necesidad interna que le demandaba recobrar lo antes posible la paz y la armonía extraviadas.

La simple aceptación de ir a comer hizo que el clima guerrero se distendiera de inmediato, y si bien el cielo emocional que los cobijaba se percibía todavía nublado, sus actuales expectativas anhelaban una nueva luminosidad.

Inquieto de inicio, por las reflexiones y dudas que creía observar en su pareja, *Eduardo Buenrostro* modificó su percepción de lo que ocurría al escuchar la respuesta y reconocer la nueva actitud de Diana. Notaba con claridad cómo al cambiar ambos su forma de enfrentar la situación se había producido una espontánea distensión que les proporcionaba un gran alivio. Se percató de que todo su organismo daba muestras de una franca recomposición, que reflejó de inmediato en una abierta sonrisa, la que buscó reprimir un poco para no dar muestras de superficialidad. El gran peso que arrastraba desde la noche anterior empezó a aligerarse. Sintió los hombros y el cuello liberados, como si le hubieran desatado una cuerda que él mismo se hubiese puesto horas antes con sus enojos y pérdidas de control.

Se sentía sumamente avergonzado por su comportamiento. Desconocía cómo había podido llegar a tales extremos justo con la persona que más quería. Por otro lado, sabía que tenía que dirigirse a Diana con sumo cuidado, por lo que buscaría aprovechar la buena disposición de ella para intentar entender lo que había ocurrido, y tratar de evitar en un futuro próximo esos eventos tan ingratos. Sintió la necesidad de explayarse en su presencia y decirle cómo se había sentido la noche anterior. Incluso quería comunicarle su abatimiento y su tristeza. Hablarle de su soledad y de su incapacidad para abatirla. Platicarle de su llanto contenido y de la necesidad que tenía de que ella le ayudara a poderlo expresar sin temores y sin falsas posturas de hombre vencido por la adversidad. Su ser deseaba manifestarse sin tapujos, pero al mismo tiempo sin agresiones ni violencias y buscando, conciliador, la recuperación de la estabilidad y la concordia perdidas.

LO QUE HACEN BIEN

✎ Ella

- No permite que el orgullo la siga arrastrando a un abismo cada vez más peligroso y doloroso.
- Se da cuenta de su comportamiento infantil, impulsivo y destructivo. Se avergüenza de él y acepta su responsabilidad.
- Toma conciencia de su necesidad de búsqueda de una solución que le permita recobrar la paz y la calma interiores.

- Reinterpreta correctamente las actitudes de Eduardo y, sin disculparlo, las observa ahora como una limitación de él, no asumiéndolas como si estuvieran dirigidas en su contra.
- Elimina el pensamiento de que "tiene que ser mi cónyuge quien dé el primer paso para resolver el problema".
- Se muestra dispuesta a salir a comer para escuchar a su pareja y ser escuchada también.
- Al mostrarse sin afectaciones, de manera sencilla, logra distender el ambiente, propiciando el reencuentro con Eduardo y dando pie a la comunicación que los reconcilie y favorezca la mutua comprensión.

❧ Él

- Ante la buena reacción de Diana, él, ahora relajado, decide conducirse con prudencia, cuidado y ternura.
- Nota la liberación de su cuerpo y la forma en que el cambio de actitud de ambos les produce un efecto inmediato de tranquilidad y les brinda la posibilidad de reconciliación.
- Deja el orgullo a un lado y se dispone a dar los pasos necesarios para lograr un entendimiento con su pareja.
- Se da clara cuenta de su conducta inmadura, reivindicativa y caprichosa, y se avergüenza de ella.
- Acepta sus debilidades humanas y se dispone a compartir con Diana su sentir doloroso, sin avergonzarse por ello. Desea que ella lo ayude para poderlo hacer de mejor manera.
- Sabe, en su interior, que si quiere tener una relación de pareja funcional y agradable, tendrá que luchar por procurársela. Que la vida, en estos casos, no le regalará nada. Que sus prioridades tendrá que revisarlas, dado que lastimar a la mujer con

la que desea tener relaciones sexuales, justo instantes antes de la seducción, no parece un comportamiento muy acertado.

- Se compromete con su relación de pareja. Entiende que los problemas son para resolverse y no sólo para renegar de ellos.

🐝 Ambos

- Notan sus excesos en la forma de reaccionar el día anterior y se apenan de haberse conducido con esos caprichos pueriles.
- Están dispuestos a olvidar lo ocurrido, con el ánimo de recuperar los buenos términos de una relación que valoran y desean cuidar.
- Ansían comunicarse para poderse comprender y apoyar. Saben que les hace falta una mejor disposición para lograrlo.
- Denotan apertura para plantearse la forma en que desean establecer su propio modelo de convivencia. Deberán tomar lo mejor que hayan recibido como herencia de sus padres y de las escuelas donde realizaron sus estudios, y desechar lo que les estorbe, así como dimensionar los detalles del convivir cotidiano para que no los desgasten inútilmente (como las formas de partir un aguacate o de sacar la pasta de dientes).
- Se muestran conciliadores porque no soportan (y qué bueno) el malestar que les genera mantenerse disgustados.

LEALTAD A LA FAMILIA DE ORIGEN

La pequeña historia que acaba de leer pretende ejemplificar con situaciones triviales (pero no por eso menos ciertas y desgastantes) lo que llega a ocurrir en la relación de pareja cuando los cónyuges *luchan por imponer* un criterio personal sobre la opinión o forma de ser y actuar del otro, sin considerar su punto de vista. También muestra las actitudes inmaduras que en ciertas circunstancias todos podemos presentar, por no tener clara conciencia de lo que sucede emocionalmente en nuestro interior. Los excesos pueden ser realmente terribles.

Es claro que cada cónyuge recibió de su familia de origen una serie de enseñanzas que, con toda certeza, entendió e incorporó como si hubiese sido un "instructivo" de cómo se debe vivir. Los hijos pequeños las toman casi al pie de la letra, ya sea que las respeten o no. Cuando llegan a la etapa de la adolescencia, es usual que cuestionen muchas de ellas, si bien es frecuente que las retomen tal cual en la edad adulta, sobre todo cuando forman su propia familia. Lo que es innegable es que difícilmente permitirán que alguien ajeno a su familia de origen las cuestione, incluyendo al propio cónyuge. Esas enseñanzas quedaron grabadas en el interior de la persona como una sólida estructura que no desea ser removida. Pareciera que *cambiar* lo que ahí está cimentado fuera una *especie de traición* a la familia de la que se procede, e incluso una traición a sí mismo.

Lo que los padres de él y de ella consideraron que era importante para desempeñarse de manera apropiada en el mundo, se los transmitieron como si fuera una normatividad que se tiene que seguir así y sólo así porque *esa es la forma en que se debe hacer*. Incluyó seguramente desde áreas formativas fundamentales como cuáles son los valores morales que deben respetarse (y cuáles no), hasta aspectos triviales como pueden ser la celebración de un cumpleaños o la "forma de partir el aguacate".

A la hora de la convivencia, estas dos formas distintas de concebir la realidad se van a enfrentar, a pesar de que en muchos casos podrá haber gratificantes coincidencias en la forma de pensar y actuar de cada cual y todo marchará sobre ruedas. Pero en otras ocasiones las alevosas discrepancias los pueden agotar y desgastar inútilmente si ellos no saben cómo resolverlas, encontrarle sentido a lo que les ocurre y aprender de la experiencia.

Esas lealtades visibles e invisibles (dado que en ocasiones no se tiene conciencia de ellas) a lo que aprendimos en nuestra familia de origen cuando éramos niños y jóvenes requieren ser desenmascaradas, observadas y analizadas, de preferencia de manera conjunta por ambos cónyuges, para que no dañen la relación de la pareja. Para ello hará falta intentar comprender al otro a través de un diálogo libre y respetuoso. Sin descalificaciones, recriminaciones ni malos modos. Es importante llegar a *buenos acuerdos*, basados en lo más *conveniente para esta nueva familia*, olvidando la lucha de poder que intentará boicotear, a veces sutilmente, su búsqueda de armonía. Si así lo hacen, esa labor les permitirá ir estableciendo de manera paulatina las pautas de comportamiento que ellos deseen adoptar como propias y que, así, ya no serán causa de enojo porque se han eliminado las discrepancias. Es un trabajo arduo y difícil. Requiere también olvidarse de orgullos mal entendidos o de supuestas dignidades que no son más que trozos de soberbia escondidos ("a mí nadie me dice lo que tengo que hacer"). Ayudará mucho que tengamos la disposición de escuchar a nuestra pareja, para conocer sus motivaciones, anhelos y frustraciones. Poner atención a lo que nos dice es fundamental para poder realizar este largo proceso.

Sumado a lo anterior, tenemos que recordar que, salvo que tengamos rencores o resentimientos con nuestros padres, siempre supondremos que los propios son mejores que los de nuestra pareja. O al menos, como los queremos más, los defenderemos con la espada desenvainada. Por eso las críticas a los suegros es terreno minado. Hay mucho riesgo en censurar delante del cónyuge a la familia política. Se deben evitar también las comparaciones, porque las envidias y los celos nublan fácilmente la mente de los más templados. El tema de la familia de origen es un asunto importante a tratar, pero requiere un cuidado especial para hacerlo y una gran empatía para tratar de entender la emotividad que despierta en nuestro cónyuge, y así *evitar lastimarlo.*

No caigamos en la trampa de dar una lucha absurda por intentar imponer un criterio que más bien les pertenece a nuestros ancestros y no a nosotros. *Rescatar nuestro propio destino es tarea fundamental de vida.*

¿CÓMO LES HA IDO A USTEDES?
(CONTESTEN SIN TEMOR
A LO QUE PUDIERAN PENSAR SUS PADRES)

1 ¿Pueden señalar aquellas formas del vivir cotidiano que les hayan enseñado sus padres y que las utilizan habitualmente?

2 ¿Les han servido? ¿Para qué? ¿Hay algunas que los limitan? ¿Por qué?

3 ¿Cómo se las transmitieron? ¿Hubo imposición?

4 ¿Qué valores intentaron inculcarles? ¿De qué manera lo hicieron?

5 ¿Eran congruentes sus padres entre lo que decían y la forma en que se comportaban? ¿En qué ocasiones no lo eran?

6 ¿Cuáles han sido los valores fundamentales de vida que son parte esencial de su formación personal? ¿De quién o de quiénes los aprendieron? ¿De qué manera?

7 ¿Qué tan importantes son esos principios en su vida en pareja y en familia?

8 ¿Cuáles son las dificultades y discusiones más comunes que tienen con su cónyuge por situaciones que tengan que ver con los padres de cualquiera de los dos?

9 ¿Pueden señalar aquellos aspectos de las enseñanzas que recibieron de sus padres y de las escuelas a las que asistieron de pequeños que les estorban y les dificultan su relación de pareja y su vida en familia?

10 ¿Están dispuestos a construir formas propias, armónicas y sanas de relacionarse entre ustedes?

10. LA COMPRENSIÓN
Ponte en mi lugar, ¡por favor!

> *Pocos sentimientos*
> *son tan gratos*
> *como el saberse*
> *comprendido,*
> *porque la unicidad*
> *se disuelve y*
> *la soledad se olvida.*

El sentirse y saberse comprendido son anhelos fundamentales de la vida. Los buscamos día a día. Nos esforzamos para que los demás nos entiendan, en particular nuestro cónyuge, hijos y las personas que son significativas para nosotros. Abarca desde aspectos triviales, como la importancia que puedo darle a que no haya ropa tirada en el suelo, hasta el respeto a los valores y las metas últimas que persigo con mayor encono en mi existencia. Quizás la mayor dificultad para poder comprender y ser comprendidos estriba en que no sabemos la manera adecuada de lograrlo.

*D*espués de impartir clases durante cinco años en la universidad, Carla nunca imaginó que pudiera pasarle algo así. Y menos en esa forma. A través de una carta.

El destino, sus genes y sus circunstancias se confabularon para que ella, desde muy joven, se interesara por el arte (tenía una licenciatura en artes plásticas y una maestría en museografía) y buscara poner sus conocimientos y esfuerzos en la exposición de las obras de arte que fueran especialmente bellas e interesantes, a través de los museos. Posteriormente, gracias a circunstancias propias de su vida personal, su interés se volcó en difundir su saber y su pasión entre aquellos escasos pero siempre interesantes grupos de estudiantes que desean enriquecer sus estudios profesionales con una visión más integral del quehacer humano.

Sus padres, él, un competente arquitecto, y ella, una destacada escultora, le heredaron habilidades y gustos vinculados al ejercicio de la creatividad y a la búsqueda incesante, y casi obsesiva, de la transformación sensible del entorno. De esta forma aprendió a comprometerse consigo misma —como parte de su sentido de vida— para producir belleza en todo aquello que la rodeara y donde, claro, ella pudiera incidir. Anhelaba que a través de su mano y dirección se produjera en las personas un despertar profundo de sus sentidos para poder removerles y cimbrarles las fibras más íntimas de su dormida sensibilidad. Sumada a estas buenas características personales, su responsable manera de ser —que demostró desde muy pequeña— la hacían una profesional confiable y apta en su área, en el más amplio sentido de la palabra.

Cuando Carla se casó con Mauricio era una prometedora, aunque todavía muy joven, profesionista que prestaba sus servicios para una institución gubernamental dedicada a la cultura. Ella se hacía cargo de la, en aquel entonces, pequeña área de exposiciones temporales extranjeras. Contaba con un muy buen equipo que la secundaba y hacían muy variadas y exitosas presentaciones. Lograba infundir en sus colaboradores esa determinación y gusto que siempre tenía para realizar su trabajo. Conforme los años fueron transcurriendo, su actividad creció en importancia y ella ganó en madurez personal y laboral, y se hizo merecedora del reconocimiento de los demás, llámense sus jefes, amigos o la sociedad en general.

Empero, cuando Mauricio y ella decidieron que era el momento de tener hijos, su vida interna empezó a sufrir una seria desestabilización. Era evidente que Carla se sentía en un gran conflicto, pues, por un lado, tenía muy claras sus metas profesionales y, por el otro, no dudaba un ápice que la maternidad le representaba también un anhelo incuestionable en su vida, por lo que darles la compaginación adecuada se convertía en un fuerte reto a vencer. Además, para ella, siendo tan dedicada y responsable con sus actividades, significaba un problema adicional, precisamente por ese nivel de entrega para cumplir, de manera más que airosa, con todos sus compromisos.

El proceso se prolongó más tiempo del que Mauricio suponía necesario. Pasaron algunos meses durante los cuales Carla analizó larga y detenidamente las diferentes alternativas que consideraba viables. Primero lo hizo de manera individual, y después pidiendo la opinión de él. Mauricio, impaciente de inicio, se mostró después complaciente y buen escucha, lo que le permitió ayudarla de manera significativa. Juntos pudieron encontrar una buena alternativa para su futuro inmediato. Carla dejaría de trabajar durante algunos años. Consideraron que podrían vivir de manera más o menos desahogada (limitándose en el número de comidas fuera de casa, algunos viajes y compras que no fueran necesariamente indispensables) sin los ingresos de ella, a pesar de los nuevos gastos que representaría la futura presencia de ese, y después esos —cada vez más esperados—, nuevos miembros de la familia.

Una vez asimilada la decisión, Carla comentó con sus superiores sus nuevos planes, que incluían su renuncia al museo cuando un deseado embarazo así se lo demandara. Lo anterior causó un fuerte revuelo entre varios de ellos debido a lo estimable y valioso de su trabajo. Cuando, finalmente, las autoridades no tuvieron más que aceptar las nuevas circunstancias planteadas por Carla, lo hicieron de buena gana y le brindaron todo su apoyo. Ella se sintió muy satisfecha, pues se dio cuenta de que era apreciada no sólo por su desempeño profesional, sino también por la huella que su calidad humana les había impreso en sus ánimos y voluntades. Su amplio y claro compromiso de esos años había irradiado frutos de muy diversos tipos.

Ahora estaba lista. La concepción llegó pronto y el dejar sus actividades le tomó todavía unos meses, mientras esperaba que su vientre creciera y que su ánimo se pudiese renovar día con día. Al final del séptimo mes de embarazo, Carla dejó de trabajar. Su vida cambiaba, por decisión propia, de manera muy importante.

Sin embargo, no le fue nada fácil adaptarse a sus nuevas condiciones, pues eran muchos años de sentirse satisfecha de su labor exitosa y de obtener un buen ingreso. Pero ella, resuelta, enfocada y tenaz, como era su estilo habitual, se puso a leer y estudiar desde casa, y a prepararse de muchas maneras, no sólo para atender a ese nuevo ser que estaba por asomarse al mundo, sino también para encontrar la gozosa reconciliación con la nueva etapa de vida que estaba iniciando.

El día del nacimiento de la bebita, la previsora pareja no podía contener su alegría. Las cosas les salían como fueron planeadas, y en su interior los dos disfrutaban una esencial y muy grata satisfacción que, también ambos, consideraban muy merecida.

Dos años después, una nueva gestación daba a luz a un niño. Los anhelos de Mauricio y de ella en el sentido de formar una familia se veían plenamente satisfechos. Asumieron que esa parejita cumplía con todas sus expectativas, por lo que él, sin cuestionarse mucho y con la complacencia de ella, procedió quirúrgicamente a anular todas sus posibilidades de nuevas fecundaciones.

Carla se acomodó con sabiduría a su nueva vida y no extrañó mayor cosa, por un buen tiempo, sus antiguas actividades. Sabía la importancia de asumir su rol de mamá y encontraba gran contento en ejercerlo con mucho amor y entrega (salvo cuando el comportamiento de los niños le erizaba los cabellos y la sacaba de sus casillas). Sólo cuando el más pequeño empezó a ir al jardín de niños, ella sintió la inquietud de replantear su vida. Ahora disponía de tiempo y la ociosidad nunca había sido su amiga ni su consejera.

Desde años atrás tenía considerada a la docencia como una buena opción complementaria de su trabajo profesional, por lo que asumió que había llegado el momento de iniciarse en ese campo. Trabajaría por las mañanas para poder continuar encargándose de la educación de sus hijos. Iría a la universidad a buscar una plaza de profesora de medio tiempo. Esa posibilidad de poder pararse frente a un grupo de estudiantes le producía una atracción especial. Pensaba que el hecho de participar en la vida de otras personas, para ampliarles y mejorarles su horizonte era, sin ninguna duda, un gran privilegio. Bueno, cuando menos lo era para ella. También, y de manera paralela, estaba convencida, por una intuición profunda, de que llevar a cabo esa actividad le daría una gran satisfacción profesional y personal. Se veía a sí misma utilizando sus dotes creativas para desarrollar un tipo de enseñanza diferente que generara una mayor sensibilidad en el alumnado y que fuera, además, una educación más reflexiva y menos acartonada. Por lo mismo, estimaba, sería más completa y valiosa. Su aportación enriquecería la didáctica institucional. Ése era su deseo y su esperanza.

Nuevamente fue complacida por un dulce destino que, además de afable, se mostraba consentidor. Su solicitud de trabajo recibió buena acogida y pocos meses después le llamaron para que se hiciera cargo de una suplencia.

La actividad le fascinó. El contacto con esos jóvenes inquietos deseosos de aprender y de modificar el mundo le infundió una nueva energía que se apreciaba en su constante sonrisa abierta y, con frecuencia, desbordada. Estaba ingresando en un área que le hacía sentir una plenitud hasta entonces desconocida para ella, al menos en el plano laboral. De alguna forma podía conseguir una comunicación tan cordial con sus estudiantes que, en repetidas ocasiones, prolongaba la clase fuera del aula por tiempos que se le alargaban ligeros y llenos de un gozo profundo.

Conforme los semestres fueron transcurriendo, su compromiso con la universidad fue creciendo. Ahora era profesora titular y su número de horas de trabajo había aumentado hasta completar toda la mañana, como había sido su anhelo inicial. Impartía clases y además asesoraba a varios de sus alumnos que tenían deseos de realizar sus tesis profesionales, para lo cual ella los ayudaba a incorporar y desarrollar contenidos novedosos y creativos con una orientación más humanista. Con el objetivo de poder atenderlos le habían asignado un pequeño cubículo que, aunque muy modesto, era su espacio vital, pues en él Carla sentía que iba en pos de esa esencia que le daba sentido a todas sus actividades vocacionales.

Todo iba viento en popa. Parecía que su estrella nunca la defraudaría. Hasta que un día, inesperadamente, ocurrió lo que ocurrió…

Las crisis económicas mundiales, regionales y nacionales asomaron su rugosa cara en el ámbito local. Cuando eso aconteció, se buscó paliarlas reduciendo los recursos económicos asignados en aquellas áreas no consideradas "lucrativas". La educación, sobre todo la humanista, se consideró como no prioritaria. Los presupuestos se acortaron y a pesar de marchas, manifestaciones, quejas a través de los medios como la radio, la televisión y los periódicos, la firme decisión de limitar los ingresos de las universidades se aplicó con todo rigor. No importaba que en otros ámbitos de la vida del país los dineros se siguieran desperdiciando, se consideró que la cultura y una visión sensible del individuo no importaban más que a un puñado de seres desfasados. Los gobernantes en turno, sin perspectiva del futuro y más áridos que un desierto, veían tan sólo para sus egoístas intereses personales.

Lo llamado "utilitario" (referido por supuesto a lo material) prevaleció sobre todo lo demás. La institución donde Carla prestaba sus servicios fue violentada para que revisara de inmediato la manera de acortar los gastos. Las áreas de expresión artística, deportiva o de crecimiento humano fueron escogidas sin mayor miramiento para que desaparecieran del currículo universitario.

Algunas semanas después, un sobre bien cerrado y puesto en su casillero le informaba de su despido. No habría forma de reubicarla; sin embargo, la universidad le agradecía los servicios prestados durante todos esos años y le deseaba éxito en las nuevas actividades que pudiera desempeñar. Gracias y hasta nunca.

Cuando Carla recibió esta información y de esa infame manera, las lágrimas le brotaron como un torrente. No lo podía creer. Su pecho se inflamaba de dolor. El golpe brutal y absurdo había sido asestado sin mayor consideración. Se encerró en su oficina y no quiso saber nada. Poco más tarde, sus alumnos, perplejos e indignados, se acercaron a consolarla. No sabían qué hacer o qué decirle para calmarla y tranquilizarse ellos mismos. La presencia y calidez de ellos la serenó y en algo mitigó su pena y su dolor. Con los ojos todavía enrojecidos, Carla se retiró de las instalaciones. Se le había hecho tarde. Con anterioridad le había pedido a una amiga que recogiera a sus hijos de la escuela. Ella se sentía demasiado dolida y humillada y con el futuro cancelado para poder retomar sin más la simple cotidianidad de antes. Simplemente, no podía entender ni soportar lo que le estaba sucediendo.

Tomó su auto y condujo sin rumbo fijo, pero cuando, algún tiempo después, el tráfico incesante y agresivo la comenzó a acosar, decidió que lo mejor era encaminarse de una vez a casa. Le costaba mucho trabajo enfrentarse con su marido y con sus hijos en estas condiciones. Sin embargo, tenía que hacerlo. Corrigió el rumbo con una angustia que le corroía el pecho. Parecía un autómata y una caricatura de sí misma.

Al abrir la puerta de la entrada escuchó a sus hijos que jugaban en el pequeño jardín de atrás. Subió a su recámara sin que percibieran su presencia. Después de varios minutos de una dura lucha interna, y realizando un gran esfuerzo, consiguió colocarse el maquillaje que suponía le permitiría recuperar su apariencia habitual. Logró su propósito, si bien sus ojos, transparentes y en este caso traicioneros, delataban su congoja. Bajó a la cocina y cuando llamó a comer a los niños, ellos no le notaron nada especial. Su actuación funcionó. Pero la teatralidad la golpeaba sin cesar. Su falsa sonrisa ocultaba un dolor que reclamaba ser expresado de una forma diferente. Para su mayor desasosiego y tristeza, en este preciso momento no podía hacer nada más. Tendría que esperar.

En la noche, cuando Carla escuchó el ruido del motor del auto de Mauricio que entraba en la cochera, su afectado corazón comenzó a palpitar de manera desordenada y su respiración dio muestras de agitación. Notó su desconcierto y trató de conservar la calma y tranquilizarse. Al entrar su marido en la habitación se hallaba más dueña de sí misma. Sin embargo, al saludarla y mientras se acercaba a darle un beso, él percibió su inquietud. Se alejó un poco para verla con detenimiento y trató de encontrar su mirada. No lo consiguió, pues ella bajó los ojos. De inmediato, algo alarmado, le preguntó:

—Mi vida, ¿pasa algo? Te noto distinta, como si algo te mortificara.

Carla, enmudecida, no respondió. Tan sólo lo miró. Él se asustó aún más, como si percibiera alguna desgracia. Con una velocidad vertiginosa su mente empezó a imaginar cosas terribles. Una enfermedad, un accidente, los niños. Fueron unos pocos instantes de una terrible confusión. Un vacío en el pecho le hizo ver que perdía la compostura y su ya pálido semblante se desfiguró aún más al hacer una mueca extraña.

Carla tardó en responder. No le salía la voz. Él la tomó por los hombros y la sacudió. La lastimó sin querer, pero ella no se quejó. Le insistió. El tono era ahora autoritario.

—Por favor, dime qué pasa. Ya hiciste que me preocupara. ¿Qué pasa?

Un nuevo silencio invadió la habitación. Mauricio se sentó junto a ella y esperó. Comprendió que no podía hacer más. Respiró hondo y su posterior exhalación sonó como un brusco y único sonido perdido en la nada. Por fin, segundos después, Carla le contó.

Le habló de su dolor por tener que dejar en unos días una actividad donde había encontrado una gran realización personal. Le comentó de su futuro cancelado, de su tristeza por no poder continuar con una labor educativa que, ella estaba segura, favorecía de manera muy importante la formación de los muchachos. Habló de algunos de ellos en particular, de sus ambiciones, sus compromisos, sus sueños, en fin, de tantas cosas más…

Conforme iba hablando y mostrando su malestar, Carla se sentía mejor. Por fin lograba desahogarse y comenzaba a calmarse, si bien un cierto nerviosismo no quería abandonarla. Su rostro se veía afectado, pero su mirada se veía con un renovado brillo que daba muestras de una ligera recuperación.

Mientras tanto, Mauricio no perdía detalle y escuchaba atento. Poco a poco fue recobrando su estabilidad. Una pequeña sonrisa comenzó a dibujarse en sus labios. Sin embargo, hizo lo posible por disimularla para evitar que ella se diera cuenta. Después de unos instantes, abrió su boca para decir:

—Ay, qué susto me diste. Yo pensé que era algo realmente grave. Ya me estaba imaginando quién sabe cuántas cosas.

Carla se sorprendió. No podía dar crédito a esas palabras que sonaban frías, racionales y lejanas. Como si fuera un relámpago que desgarrara la noche, una punzada se le clavó de inmediato en el vientre. Su desconcierto era de una magnitud desconocida. No podía entender que la persona que afectivamente se encontraba más cerca de ella mostrara esa indiferencia hacia lo que le sucedía. Se empezó a enojar y a percibir un nuevo vacío en su interior. Sus ojos no pudieron refrenarse y un llanto lastimero hizo su aparición. Percibió una nueva angustia que deseaba desestabilizarla aún más.

Ante esta reacción imprevista para Mauricio, su desconcierto aumentó y tuvo que reconocer que había cometido un error al haberle dicho esas palabras. Buscó rectificar para calmar los ánimos y se acercó para abrazarla. Ella lo rechazó. Él, nuevamente prudente, supo que debía contenerse y darle tiempo para que se recuperara. La dejó llorar. Poco después le ofreció su pañuelo. Carla lo tomó y se limpió la cara. Se le quedó viendo a Mauricio por unos instantes. El dolor de su mirada expresaba la necesidad urgente de que alguien le expresa su ternura y la pudiera comprender. Pero él no supo leer más que una parte de esas señales, las que tenían que ver con los tiempos, y empezó a argumentarle para "hacerla entrar en razón".

—Cariño, créeme que te entiendo. Pero me parece que estás exagerando en tu reacción. Hace apenas unos días te llamaron del museo para ofrecerte trabajo y sería un buen momento para que pudieras retomar tus antiguas actividades, aunque sea de tiempo parcial. Ellos así te lo pidieron. Podrías ganar hasta más dinero. Además, no tendrías tareas que corregir o exámenes que calificar. Vamos, ni clases que preparar. Incluso podrías dedicarle más tiempo a los niños. A mí se me dificulta hacerlo por el trabajo, pero tú podrías ser ahora una mamá más amorosa y comprometida…

—¡¿Cómo?!

Los ojos de Carla crecían conforme escuchaba a su marido. Estaba atónita. El estómago se le revolvía, y en ese momento hubiera podido partirlo en pedazos y echarlo en la licuadora. Su enojo le endureció las facciones. Gritó: "Eres un desgraciado hijo de tu vieja madre". Se paró y salió de la habitación. Su corazón palpitaba con fuerza. Fue al jardín. Dejó que el fresco de la noche la reanimara. Se sentía sola, terriblemente sola. Después de varios minutos de caminar y reflexionar, pudo serenarse. En su interior una voz insistente la animaba a no dejarse caer y salir adelante, pero otra, no menos laboriosa, le decía que todo estaba perdido y que todos eran unos hijos de mierda.

¿QUÉ PASARÍA SI CARLA Y MAURICIO FUERAN LOS MALACARA?
❧

Para *Mauricio Malacara* la reacción de su mujer dejaba mucho que desear. Toda una universitaria, humanista y quién sabe cuántas cosas más y se portaba como cualquier vieja lépera. No sólo lo insultó a él, sino tenía que meterse con su mamá, como si ella tuviera algo que ver. Carajo. Pues qué bueno que la corrieron. Él simplemente intentaba ayudarla para hacerle ver que lo que le pasaba no era nada de mayor importancia, y ella, grosera como nunca antes, lo insultaba y se largaba dejándolo hablando solo. Lo mejor que puede pasar es que desaparezca toda esa runfla de seudointelectuales a la que ella supuestamente pertenece, y que se las dan de querer mejorar el mundo. En realidad no son más que unos parásitos que se la pasan discutiendo sin hacer nada. Bola de inútiles que únicamente pierden el tiempo y se gastan recursos del país en sus tonteras. Pero para fortuna de todos ya se les acabó. Que no estén chupando del presupuesto nacional. ¡Carajo! Carla debe darse cuenta de que en el mundo hay prioridades. Babosa. Que ni crea que iré a buscarla al jardín. ¿Para qué? ¿Para que me llene la camisa de mocos? Que se quede ahí. Ya entrará, y entonces sí que tendrá que escucharme. Por lo pronto voy a tomar algo y prenderé la televisión. ¡Carajo y mil veces carajo!

Cuando volvió al interior de la casa, un llanto necio intentó infructuosamente mostrarse de nuevo en el rostro de *Carla Malacara*. Ella, orgullosa, lo refrenó. No le daría el gusto a su marido de verla hundida y vencida. Sentía el corazón destrozado. Nunca pensó que su esposo fuera tan ruin y tan perverso. Además, tan tonto y superficial. Salirle con que "ahora sí puedes ser una madre más amorosa y comprometida" y decírselo cuando está pasando por una situación tan difícil. Verdaderamente es un desgraciado y mal parido. Pero que ni crea que esto se va a quedar así. Como si nada hubiera pasado. Sí pasó, y mucho. Ya vería después. Encontraría una buena oportunidad de cobrársela. Desgraciado y mil veces desgraciado. Él sí, ¿verdad?, cuando tiene problemas en la oficina o con el jefe viene de chilletas y, pobrecito, hay que comprenderlo. Baboso. Pero que sepa que no cuenta conmigo, nunca más. Salió igual a la vieja de su madre. Ruca mensa.

Unos momentos después, Carla escuchó el sonido de la televisión y vio que Mauricio se hallaba sentado frente a ella con una copa en la mano. Su enojo creció y su determinación de vengarse la hizo aventarle un plato que casi le pega en el rostro; se destrozó a un lado del sillón y tiró la lámpara.

LO QUE HACEN MAL

✒ Él
• Si bien, antes del disgusto, Mauricio reconoce su imprudencia por haber minimizado lo que le pasa a Carla, no se detiene en sus observaciones y hace nuevos e imprudentes comentarios que dan cuenta de la torpe percepción que tiene de los sentimientos y anhelos de ella y de la mala valorización que hace de su papel de madre.

- Su racionalización ("no es tan grave, pensé que era otra cosa mayor") es muestra de una frialdad que no le deja observar lo que le ocurre a su mujer, y le hace oscurecer aún más la pobre visión que tiene de las actividades que desarrolla su pareja.

- Descalifica de manera injusta y alterada el trabajo de Carla, como si lo que hiciera no tuviera importancia ni relevancia ninguna.

- En su furia, arremete mentalmente contra todo el esquema laboral en el que ella se ha desarrollado. Está totalmente fuera de control.

- No se da cuenta de que ella tiene resentimientos con la mamá de él y que es algo que tendría que ser resuelto por los dos. Simplemente se pone a descalificarla.

- La lamentable actitud que exterioriza no da señales de que más adelante lo pudiera llevar a una posible búsqueda de reconciliación. Se deja ver como un sujeto insensible y desamorado.

- Se muestra completamente indiferente al dolor y a la desesperación de su esposa. Su forma de reaccionar hace ver que no ha desarrollado ninguna habilidad para lograr la comprensión emocional del otro. No sabe ser empático.

- Su orgullo lo avasalla con facilidad, por lo que no se interesa por entender lo que sucede y menos, claro, por ayudar a Carla a superar el mal momento por el que está pasando.

- Evade el conflicto displicentemente, refugiándose en ver la televisión con una copa en la mano.

Ella

- Al sentirse incomprendida, se deja llevar por el arrebato del momento y transforma su dolor en una fuerte agresión.

- El orgullo la hace refrenar su llanto para que Mauricio no la perciba débil y vencida. Además, la conduce a buscar venganza, por lo que concibe formas de represalia, sin percatarse de que no puede dañarlo sin afectarse ella misma.

- Se muestra completamente radical. Como Mauricio no fue comprensivo en esta ocasión, decide hacer lo mismo con él en el futuro. No da pie a ninguna negociación.

- Manifiesta una irritación desproporcionada a la mala respuesta de su marido. Pierde el control de sí misma e, imprudente, da rienda suelta a su impulsividad, alimentando pensamientos llenos de rencor e ira.

- Se muestra completamente incongruente con su forma de pensar, ya que ella predica el humanismo y la reflexión como vías para conducirse en la vida.

- Sus frustraciones acumuladas la hacen sentirse impotente y devaluada, y al no tomar clara conciencia de ellas (porque las transformó con suma rapidez en un enojo virulento) toma contacto, tan sólo, con la parte oscura de su personalidad, dejando que ésta se exprese sin ningún freno.

- Involucra a su suegra, como si también fuera responsable de lo ocurrido y la insulta, lastimando a su marido. Tiene resentimientos con ella que no ha sabido resolver. Seguramente ha sido un tema vedado que, por no enfrentar de manera adecuada, sigue pendiente en la agenda emocional de Carla.

- Ante una nueva y mayor desilusión, al ver a Mauricio frente al televisor, relajado y tomándose una copa sin ninguna preocupación, arremete con violencia contra él, aventándole un objeto con el fin de lesionarlo.

❦ Ambos

- Al sentirse lastimados, no se dan el tiempo para la rectificación propia y del cónyuge, sino que, en instantes, se dejan arrastrar por el enojo y la rabia, y comienzan a pelearse de manera desproporcionada.
- No saben ser sencillos ni prudentes. Su soberbia les gana la partida y los envuelve, convirtiéndolos en una especie de peleles a su servicio.
- Son muy desmedidos en su actuar, asumiendo conductas peligrosas que podrían llevarlos a situaciones difíciles de poderlas revertir. El ofuscado desplante de él, al ponerse a ver televisión, puede quedar grabado largo tiempo en la mente de Carla. El plato que ella le lanzó pudo haberlo golpeado y dejar heridas abiertas y cicatrices reacias para desaparecer.
- Pierden la confianza en el otro. No se sienten acompañados en su andar cotidiano y, seguramente, tampoco, en aspectos fundamentales de vida, como lo son el compartir metas, ideales e ilusiones.
- No entienden que la comprensión mutua es el entretejido que le da consistencia y fortaleza a las relaciones entre las personas y, de manera particular, a las de los cónyuges. No saben que para comprenderse hace falta conocer y respetar sus sentimientos, de uno y del otro, sin juicios ni argumentaciones, ya que los razonamientos, para este objeto, nunca han funcionado.

Después de un largo y penoso andar por el jardín y de dejar que su vista se detuviera en el suave movimiento de las hojas de los árboles, *Carla Buenrostro* encontró cierta paz. El esfuerzo que hizo por recuperarse de su malestar le brindó una buena recompensa, al menos como plataforma para seguir avanzando en el duro camino que sabía que tenía que recorrer.

Había permitido que sus ojos soltaran esas lágrimas que hablaban de su dolor, su tristeza y, sobre todo ahora, de su nueva decepción. Dejó también que el coraje, que notaba por momentos en todo su ser, se expresara con libertad. No lo reprimía. Le daba salida, pues no quería sentirse arrebatada por una emotividad que la llevara a la agresión y la destrucción. Su alma maltrecha empezaba a entrar en cierto espacio de reconciliación. Ya más dueña de sí misma, se había sentado en la banca de piedra que rodea a ese gran árbol de tronco ancho y ramas exuberantes que, al fondo de la casa, parece siempre ansiar cobijar a quien se le acerca.

Empezó a analizar lo ocurrido con Mauricio. Al principio no podía, se le dificultaba mucho porque un nuevo arranque emocional la perturbaba. Mas, insistiendo, pudo hacer memoria de la escena con él. Le dolía tanto la incomprensión de su marido. La hacía sentirse sola, muy sola. Empero, poco después, una luz inesperada iluminó su entendimiento y se dio cuenta de que, detrás de esa respuesta fría, distante y absurda de Mauricio, existía un gran hueco en la comunicación íntima y profunda entre ellos. No habían logrado apreciarse mutuamente en su desempeño laboral, porque mientras él estaba centrado en el ingreso económico y en su desarrollo profesional, ella se esforzaba por alcanzar su satisfacción personal realizando actividades que le fueran esencialmente gratas y en las cuales pudiera desarrollar su sentido creativo, dentro de un ambiente de calidez humana. Como si él tuviera los pies en la tierra y ella los ojos en el cielo, pero no existiera un vínculo real que uniera ambas partes. Dos seres que convivían bien en situaciones normales, pero que en las crisis, como ahora, notaban la separación y el vacío que los distanciaba.

Carla lloró. Un poco nada más. Lo suficiente para poder asumir su propia responsabilidad en lo ocurrido. Nada exculpaba al miope de su cónyuge. Sin embargo, supo de fondo que el trabajo de resolución y superación de este arduo problema la incluía también a ella, tanto como a él. De alguna manera este pensamiento la hizo descansar. Se dio cuenta de que mucho de su destino emocional estaba en sus propias manos. Eso representaba un gran alivio. Concluyó que aprender de las vicisitudes de la vida era primordial. Sólo así podría diseñar nuevas y —atendiendo a su forma de ser— creativas actitudes de respuesta ante los sucesos inesperados y dolorosos. Lo que estaba viviendo sin duda tenía un sentido de aprendizaje.

Cuando *Mauricio Buenrostro* se quedó hablando solo después de que había sido insultado de esa manera, transformó su desconcierto inicial primero en angustia, y luego en enojo. Una intempestiva furia empezó a apoderarse de él. Notó su descontrol emocional y decidió ser prudente. Sabía que si salía al jardín a buscar a Carla la iba a lastimar y todo empeoraría. Prefirió esperar. Le costaba mucho trabajo contenerse, pero su intuición le decía que era lo mejor que podía hacer en ese momento. Así lo hizo.

Un poco más tarde, afectado por lo ocurrido y cansado de dar vueltas por la estancia, se encaminó a su recámara y estando allí buscó desahogarse aventándose en la cama y golpeando las almohadas. Eso lo tranquilizó y le hizo ver con claridad el dolor por el que pasaba Carla. Pensó que si él, con este pequeño disgusto se había sentido tan mal, ella, después de haber sido despedida de manera arbitraria de su trabajo en la universidad, tendría que estar pasando por momentos sumamente difíciles. Se arrepintió de lo tonto de su reacción precipitada, gélida y superficial. Haber racionalizado de esa manera ante el dolor de su esposa y no haber podido ser empático con ella le hacía sentir una inusual vergüenza. Asumió que no había sido nada de lo tierno y comprensivo que se hubiese esperado de él en ese momento. Recordó su forma amable de conducirse años atrás, cuando la pretendía. La contrastó con la de ahora. Pudo observar, con rubor y tristeza, su propio deterioro, manifestado en sus pobres reacciones de hoy. Sus esfuerzos los había dedicado de manera prioritaria al área profesional, donde tenía frutos cosechados por su buen trabajo. Sin embargo, en casa, su papel de cónyuge se hallaba abandonado y desdibujado. Existía un fuerte desequilibrio en su crecimiento como individuo. Una parte se hallaba atendida y fortalecida, mientras que la otra no recibía el debido cuidado. Sintió pena por sí mismo y por su negligencia absurda e inconcebible. Sus ojos comenzaron a brillar. Las lágrimas buscaban asomarse, pero no lograron romper la barrera que las contenía. No podía enfocar ninguna imagen porque su mirada se perdió en la distancia, en algún punto lejano e inexistente.

Cuando recobró su ánimo, consideró que seguiría dándole tiempo a Carla para que se tranquilizara, y en cuanto entrara en la casa la buscaría para disculparse. Sabía que eso no era suficiente, pero sí necesario para reiniciar una nueva forma de relacionarse entre ellos. Había mucho trabajo que realizar. Lo mejor era iniciarlo de inmediato.

Entendió que una tarea esencial para los dos era aprovechar el dolor y la crisis, como una oportunidad para superarse y fortalecerse ambos. Guardó por un instante su pensamiento y percibió la angustia que merodeaba a su alrededor. Su pecho se contrajo y su respiración se agitó por momentos. Encontró la paz hasta después de que finalmente las insistentes lágrimas se hicieron presentes. Un breve llanto fluyó ligero. Pudo liberar parte de su vergüenza y su dolor contenidos. Se oyó que la puerta de atrás se abría. Un aire tibio hizo su entrada. Percibió cómo su corazón palpitaba con fuerza. Los pasos en la penumbra se dirigían hacia él. Se quedó petrificado por unos instantes. Después, más tranquilo, aunque muy nervioso, encaminó los suyos hacia la voz que débil, pero claramente, lo llamaba desde la oscuridad.

LO QUE HACEN BIEN

✍ Ella

- A pesar de su enojo y descontrol inicial, no deja que la intensidad de la emotividad la arrebate y se vuelque en su contra. Sabe frenarse para evitar hacer crecer el problema.
- No se precipita en su actuar. Sale al jardín para buscar cierta paz y poder reconciliarse con lo que está viviendo. Se va tranquilizando, poco a poco, dándose el tiempo que necesita.
- Expresa sus sentimientos de una manera adecuada. Llora para descargar la tristeza y vocifera a solas para soltar su enojo.
- Al recuperar parte importante de su equilibrio emocional, se da tiempo para reflexionar y analizar la situación, dándose cuenta de que las antiguas formas amables de comunicarse entre ellos están casi abandonadas y requieren ser restauradas.

- Admite su propia responsabilidad en lo ocurrido, sin señalar a Mauricio como único causante del mal desempeño de los dos.
- Le encuentra un sentido de aprendizaje a lo que le pasa. Entiende que están en una crisis que los obliga a trabajar en pareja para recomponer su relación y salir fortalecidos de la experiencia. Considera que el buen uso de su creatividad le facilitará las cosas.
- No da cabida al devastador y sagaz orgullo. Por el contrario, se conduce con sencillez, lo que le está permitiendo rectificar el camino cuando se va dando cuenta de que ha cometido errores.
- A pesar de ser ella la afectada y lastimada, no se arredra para tomar la iniciativa y acercarse a su marido, con el objetivo de aclarar y resolver las cosas. Esta acción es un pequeño signo de sabiduría.

✍ Él

- No permitió que el ofuscamiento y el enojo del momento le impulsara a lastimar a Carla para buscar una absurda revancha.
- Se contuvo y supo esperar y darse tiempo para liberar sus emociones y poder analizar lo ocurrido. Es prudente.
- Se da cuenta de lo insensible y superficial que se mostró ante el dolor de su esposa. Se avergüenza de su comportamiento distante y racional, evocando con nostalgia sus buenas respuestas de antaño (cuando la pretendía) y asumiendo el mal manejo que hace ahora de ellas.
- Además de reconocer lo brusco y absurdo de su reacción, nota su falta de crecimiento personal en contraste con su buen desarrollo profesional.

- Aunque en un primer momento contiene las lágrimas, posteriormente percibe su ignominia y su arrepentimiento por su mal actuar y se permite llorar breve, pero abiertamente, logrando, en esta forma, liberar parte de su dolor.

- Descarga su enojo golpeando las almohadas de su habitación; evita así que esa energía peligrosa y destructiva lo siga acompañando y lo pueda llevar a maltratar a Carla.

- No se muestra orgulloso, prepotente ni pendenciero y busca disculparse. El hecho de que sea capaz de aceptar su error ante ella hace ver su disposición para rectificar y aprender de la experiencia.

- Se compromete a tomar acciones definidas para superar esta dificultad. Desea conocerse mejor a sí mismo para restablecer su calidad de vida en familia.

- Transforma su malestar en la posibilidad de un bienestar futuro. Sabe que tendrá que luchar y trabajar para renovar su relación de pareja y está dispuesto a llevar a buen término esta labor.

Ambos

- Se muestran prudentes. A pesar del enfado impetuoso que los confrontó, se dan cuenta de que rompieron las barreras del respeto entre ellos, por lo que se avergüenzan y se permiten sentir y expresar su tristeza.

- De igual manera, toman conciencia de su enojo y buscan desprenderse de él sin lastimar, por lo que, cada cual por su lado, le da expresión y salida. Ella, en el jardín, a solas, con manifestaciones bruscas, y él, golpeando las almohadas de su recámara.

- Ninguno de los dos busca revancha o inculpar al cónyuge. Si bien, en un principio, su ira los hace maquinar desprecio por su pareja, poco después, una vez que se han desprendido de su emotividad negativa, dirigen su mirada hacia sí mismos para verdaderamente encontrar respuestas y formas de solución.
- Observan las carencias de su relación y los huecos profundos que se han abierto por su falta de disposición para cuidarse uno al otro. La rutina de su vida cotidiana les fue desgastando el interés profundo y amoroso que se tenían. Sin embargo, los dos deciden reestructurar sus, en otros tiempos, buenas formas de entendimiento y comprensión.

LA COMPRENSIÓN

En las áreas conyugal y familiar, intentar comprender al otro mediante el razonamiento es el camino menos efectivo para poderlo hacer. La comprensión genuina, de fondo, se puede dar solamente a partir de poder conocer lo que está sintiendo la persona, ya sea que lo exprese de manera explícita o implícita.

Requerimos crear un clima de confianza que nos permita comunicarnos de forma clara, sincera, abierta y directa. No debemos olvidar que nos estamos dirigiendo a los seres que más queremos.

¿Qué siente el otro? es una de las preguntas clave de las relaciones humanas. Si logro saber (en ocasiones tengo que descifrarlo) lo que está sintiendo mi pareja o alguno de mis hijos, y les sé transmitir este conocimiento de una manera respetuosa y cálida, necesariamente se sentirán y sabrán comprendidos.

¿Cómo me siento yo? es otra pregunta fundamental, tanto para poder expresar mi sentir al otro, y sepa lo que pasa conmigo, como para ir adentrándome, cada vez más, en mi propio conocimiento. Así, puedo mejorar mis espacios de convivencia con mi pareja y mis hijos, y voy logrando ser una persona más dueña de su destino, pues no me dejo arrebatar por una emotividad que me descontrola.

La situación ideal sería que ambas partes pudieran hablar directamente de lo que sienten, es decir, de manera abierta y clara; por ejemplo: "me siento triste y decepcionado por…", "no me sentí tomada en cuenta cuando…"

Con frecuencia se presenta la circunstancia de que uno de ellos sepa comunicarse de esta manera y el otro no. En este caso, el que sí lo sabe hacer tendrá que aprender a "leer" cómo se siente el otro, a partir de lo que observe en sus acciones o pueda descubrir en lo que le dice (el tono de voz suele ser revelador).

La clave es permitirse *expresar los sentimientos* mutuos *sin hacerse recriminaciones* de ningún tipo. Se torna difícil y nos cuesta trabajo hacerlo porque la sociedad en general no ha atendido estas áreas consideradas por muchos como aspectos vergonzosos que muestran tan sólo la debilidad de las personas. En realidad sabemos que es al revés, pues se necesita valentía y fortaleza para mostrarse de manera genuina ante el otro, previo un proceso de introspección que usualmente es doloroso.

❧ *¿Por qué nos peleamos?*
Porque *queremos imponer nuestra razón*, pensando que estamos en lo correcto y el otro no. Suponemos, erróneamente, que nuestra percepción de los problemas es la única válida y descalificamos, desde ya, la del otro.

Por otro lado, *buscamos argumentar* para hacer valer nuestra opinión y, dado que nuestra pareja no coincide con lo que le decimos, nos alteramos y enojamos con facilidad, pasando después a agredirnos. Nos sentimos profundamente incomprendidos.

Como se decía antes, sólo nos podemos comprender a partir de lo que sentimos, no de lo que pensamos (pues siempre existirán diferencias significativas con los demás).

🎵 *¿Cómo podríamos comprendernos si no platicamos de nuestros anhelos, ilusiones, miedos, angustias?*

Simplemente no podemos. Eso que guardamos con mucho celo, porque lo consideramos algo muy íntimo, es lo que, si lo compartimos, permite que el otro nos pueda comprender. De otra manera, sólo escuchará nuestras razones, y si no le parecen válidas, entraremos en confrontaciones y serias dificultades. Nos desgastaremos inútil y constantemente.

Para comentar en pareja

1 ¿Pueden recordar una situación de incomprensión en su vida conyugal?

Hagan memoria y cada quien presente una. Escojan cualquiera de las dos y analícenla. Después revisen la otra. *No se inculpen.* Traten de referirse a ella como si fuese una película o una telenovela que quisieran comentar.

2 ¿Cuándo sucedió? ¿Se pueden poner de acuerdo en la forma en que se presentó? ¿Difieren en algún detalle?

No se alteren. Deténganse sólo en lo esencial.

3 ¿Cómo intentaron resolverla? ¿Lo lograron? ¿Quedó algún resentimiento?

Sean honestos al responder.

4 ¿Les dejó algún aprendizaje? ¿Por qué? ¿Cuál?

Observen si han sido capaces de aprender y mejorar la forma de llevar su relación.

5 ¿Están dispuestos a realizar algún compromiso a partir de ahora? ¿Cuál y cómo?

Determinen una forma de verificar que realmente estén cumpliendo con él.

APÉNDICE

El enojo

¿QUÉ PODEMOS HACER PARA REDUCIR NUESTRO ENOJO?

De inicio, nos conviene *conocer* y *familiarizarnos* con los *sentimientos de origen* que pueden ser generadores de enojo:

SENTIMIENTOS DESAGRADABLES

A
Abandonado, alterado, acusado, agitado, afectado, ansioso, aprehensivo, aturdido, aburrido, agobiado, apenado, aislado, atrapado, afligido, abrumado, agresivo, avergonzado, alarmado, agotado, atormentado, aletargado, anulado, apanicado, apesadumbrado, apurado, amenazado.

B
Belicoso, bobo, bobalicón, borrego, borrico, burro.

C
Consternado, confuso, confundido, culpable, castigado, cohibido, cansado, celoso, compulsivo.

D

Degradado, débil, dependiente, desprevenido, deprimido, desilusionado, devaluado, desvalorado, descontento, dolido, dividido, desalentado, desesperado, desguanzado.

E

Enojado, exasperado, exangüe, envidioso, exhausto, engañado.

F

Frustrado, fastidiado, fracasado, falso, fuera de forma, fatal (muy genérico).

G

Gacho, gandaya, gazmoño, grosero, guiñapo.

H

Harto, horrorizado, humillado, hecho polvo.

I

Incomprendido, inútil, impaciente, incapaz, incompetente, indiferente, inhibido, inseguro, inquieto, intranquilo, infeliz, indigno, inservible, inválido, impotente.

J

Jeringado, jodido, juzgado.

L

Lastimado, lánguido, lisiado.

Ll

Lloroso, llorón.

M

Miedoso, melancólico, miserable, mortificado, maltratado, menospreciado, mutilado, minado, molido, mal (muy genérico).

N

Nervioso, necesitado, no tomado en cuenta.

O

Odioso, obligado, obsesivo, ofendido, ofuscado, oprimido, oxidado.

P

Paralizado, perseguido, perturbado, pesimista, provocado, preocupado, pendejeado, pisoteado, partido, pazguato, petrificado, pitorreado, pobreteado, postrado, privado.

Q

Quebrado, quebrantado, quejumbroso.

R

Relegado, rechazado, resentido, ridículo, ruin, rabioso, rebajado, reprimido, resignado, reventado, roto, robado.

S

Solo, sobresaltado, susceptible, saboteado, sacrificado, sacudido, satanizado, sacado de onda, sensible, sentimental, sentido, subvaluado, servil, socavado, sorprendido (por algo desagradable), suprimido.

T

Traicionado, tonto, triste, tenso, trastornado, torpe, tarado, temeroso, timado, triste, tronado, truncado, tullido.

U
Usado, utilizado, ultrajado.

V
Vacío, vencido, vengativo, vacilado, vetado, ventaneado, viboreado, vigilado, violentado, vapuleado, vulnerable, vano.

Z
Zarandeado, zangoloteado, zombi, zoquete, zozobrante, zurrado.

Ahora bien, lo importante es tener siempre presente que:

Estos **sentimientos desagradables** —que están señalados alfabéticamente en las páginas anteriores— son los que se presentan en nuestra vida cotidiana **antes de que nos enojemos.**

Y que, como **no** los reconocemos, ni nos damos cuenta de ellos, **no podemos detenernos a observarlos** para poder conocer **realmente** la forma en que nos estamos sintiendo, **cuando algo doloroso nos pasa.**

Debido a eso, no podemos manejar ese sentir perturbador, pues, es claro que, al no tener conciencia de estos sentimientos, se nos imposibilita hablar de ellos.

Los resultados son que no nos comprendemos a nosotros mismos y, por supuesto, los demás tampoco lo pueden hacer.

Lo peor de todo es que estos sentimientos **los transformamos en enojo,** alterando nuestra emotividad y afectando nuestras relaciones con los demás.

De esta manera, **nos estaremos enojando continuamente,** y bloqueando nuestra comunicación profunda con nuestros seres queridos.

Si pudiéramos **darnos verdadera cuenta de lo que sentimos,** pudiendo describir los sentimientos desagradables que nos lastiman, y fuéramos capaces de comunicárselos a los demás, descargaríamos mucho de nuestro malestar y **podríamos, en muchos casos,** no enojarnos.

POR LO TANTO, es prioritario que reconozcamos que EL ENOJO (y todas sus variantes) **es una transformación que nosotros hacemos** de estos sentimientos desagradables (ya que sólo así **podremos intentar desactivarlo).**

Y QUE, **invariablemente, somos** nosotros **los responsables** de lo que ocurre con nuestra emotividad, y de los daños que pudiéramos generar por su manejo inadecuado.

PERO... ¿Sería factible **evitar tener estos sentimientos desagradables? Sí, por supuesto,** es posible, en muchos casos, **evitar sentirnos "mal"** (evidentemente, no en todos). Es decir, podemos, en ocasiones, no generar esos sentimientos desagradables y, por lo tanto, también, **enojarnos menos.**

Si fuéramos reconociendo nuestros defectos y malas actitudes, podríamos crecer como personas, y lograríamos tener **menor número de pesares.**

Así, estaríamos en **posibilidad de sentirnos mejor y disfrutar más la vida,** ya que al no albergar esos sentimientos incómodos, nuestro manejo en el mundo sería más satisfactorio.

Podemos, por lo tanto, si estamos dispuestos a madurar, PREVENIR EL ENOJO y llevar una vida más saludable, pacífica y armoniosa.

No es posible no enojarnos, pero sí podemos reducir el número de frustraciones que podríamos convertir en enojo, y tener una actitud y formas de respuesta más sanas ante las demandas de la vida. ¿De qué manera?

❧ *Siendo tolerantes*

Procurando estar atentos y siendo muy cuidadosos de *no caer en la permisividad*, para evitar así que se abuse de nosotros.

Si somos muy exigentes con la vida y con las personas con las cuales convivimos, *nos enojaremos más* que si somos tolerantes, o al menos no tan exigentes. Es necesario recordar que, cada vez que lo que vaya ocurriendo en nuestro andar no satisfaga nuestras expectativas, tendremos una nueva frustración que, a su vez, será el preámbulo para un nuevo enojo.

Si somos *más flexibles* tendremos *menos desilusiones* y, por lo tanto, menores posibilidades de enojarnos.

❧ *Aceptando la realidad*

Si por desconocimiento, inseguridad, necedad, orgullo, evasión o cualquier otro motivo, *no aceptamos la realidad de lo que está pasando en nuestra vida*, y preferimos pelearnos con ella, para generar una fantasía acorde con nuestros deseos y expectativas, *perderemos siempre* de manera irremediable esa absurda batalla y, a la postre, nos enojaremos.

Algo que pareciera tan simple, como el hecho de poder aceptar lo que ocurre, se puede convertir en un verdadero problema para muchos de nosotros. En múltiples ocasiones, el dolor que nos provoca observar lo que pasa a nuestro alrededor nos conduce a intentar engañarnos a nosotros mismos, *y preferimos vivir fingiendo*, tapándonos ojos y oídos para no aceptar aquello que nos preocupa y nos angustia.

Así, por ejemplo, un marido que bebe en demasía, o que es agresivo, o que no se involucra con el desarrollo de su mujer y de sus hijos, puede ser justificado por la esposa diciéndose ella a sí misma que "lo que pasa es que tiene mucho trabajo y se estresa". De igual manera, un adolescente flojo e irresponsable, que no cumple con sus deberes ni respeta las reglas de la casa y de la escuela, puede ser disculpado por los padres argumentándose a sí mismos que "lo que sucede es que está en una edad difícil, pero ya se le pasará con el tiempo".

Estos escapes para evitar la parte incómoda de la realidad pueden ser la causa —en un futuro relativamente cercano— de *producir en la persona evasiva un enojo profundo* consigo misma, con quienes considera sus cómplices (pues se unieron a su negación) y con aquel a quien "ha defendido". Es probable que, con el tiempo, el individuo que incurre en este tipo de comportamientos se pueda volver gruñón e irascible y que no le sea factible encontrar paz interior ni disfrutar unas relaciones armoniosas con los demás (por añadidura, no sabrá lo que le ocurre, simplemente todo le molestará).

Aceptar la realidad tal como es (a pesar de ser uno de los mejores signos de salud mental) puede causarnos dolor y tristeza. Por eso muchas veces utilizamos la fuga fantasiosa como una vía para no angustiarnos.

Pero si aceptamos enfrentar y resolver la vida tal como se nos presenta, podremos aprender a descifrarla y estaremos en mejores posibilidades de crecer y evolucionar como personas. Para ello, cuando los tragos sean amargos, *será mejor aceptar* que las circunstancias pusieron esa copa en nuestro camino, y que beberla sin dilación es sin duda la mejor decisión para no enojarnos y encontrarle después el sentido a eso que nos sucede y nos molesta. Lograremos así adoptar una actitud sana que nos facilitará poder construir nuestro propio bienestar, a partir de ese aprendizaje que, con toda seguridad, nos dejarán esas *experiencias maestras*.

Al mismo tiempo, es conveniente *aprender a descargarnos de esos malestares* generados por la aceptación de esa dura realidad que nos abruma y lastima. Para hacerlo, debemos desarrollar, de manera simultánea, algunas de las técnicas con las que es factible darle una salida emocional adecuada a ese agobiante sentir doloroso (como quedará explicado más adelante, en el ya mencionado apartado denominado "Cuando la vida nos golpea...").

Todo lo anterior nos permitirá evitar el sufrimiento estéril y el enojo innecesario, y nos facilitará dar las respuestas correctas que la realidad del diario vivir nos demanda.

Hay que *saber y recordar que no es lo mismo dolor que sufrimiento*. El primero es parte de la vida. Por eso más nos conviene aceptarlo y encontrarle sentido. El segundo es producto de nuestra rebeldía de no querer aceptar lo que nos lastima. La no aceptación de lo doloroso nos permite bajarle intensidad, pero lo convertimos en permanente. Se sufre toda la vida. En cambio, si sabemos darle una expresión y salida adecuadas al dolor, desaparecerá finalmente y favorecerá la toma de conciencia de la persona, su crecimiento y su evolución.

Un divorcio o la pérdida de un hijo producen dolores muy intensos. Sin embargo, *las consecuencias finales de estos eventos varían* de manera enorme entre quienes viven y aprenden de acuerdo con la realidad, y quienes no.

Es usual que todos nosotros, en algunos momentos, creemos falsas expectativas. Lo cual puede ser muy válido si lo estamos haciendo de manera consciente, como una forma de darnos un saludable y breve descanso de una realidad que insiste en agobiarnos. Tener mucho dinero y fortuna, viajar y conocer gente, ser famosos y poderosos, relacionarnos de manera íntima con alguna admirada celebridad, pueden ser sueños recurrentes, pero que nunca deben invadir el campo de la realidad. Utilizados como una forma de pasar el tiempo y divertirnos, o de conciliar el sueño por las noches, son una forma aparentemente inocua de disfrutar.

El problema se presenta *cuando realmente creemos* que podemos alcanzar dichas metas sin realizar los esfuerzos necesarios para conseguirlas. Porque habrá quien se lo proponga y lo logre, a base de mucho trabajo y dedicación, y de poder ligar un buen número de decisiones acertadas, aprovechando esas oportunidades venturosas que la vida, en ocasiones, nos regala. Pero estar esperando que eso llegue porque suponemos que nos lo merecemos, es un elemento que nos causará mucha frustración y, potencialmente, será generador de un *gran enojo con la vida*, con los demás e incluso con nosotros mismos.

Creer que somos merecedores de todo, simplemente por tratarse de nosotros, es una ensoñación absurda, fruto de una expectativa exagerada de nuestro desmedido ego.

De igual manera, cuando albergamos y alimentamos la expectativa, muy común del ser humano, de *querer cambiar la forma de ser de los demás*, pensando que si eso sucediera nuestra vida sería más feliz, estamos cayendo en una de las ilusiones más generalizadas de la humanidad. Sobra decir que es una fantasía.

No se puede hacer eso. Cada cual es el único responsable de su forma de ser. La única persona a la que podemos cambiar es a nosotros mismos. *Evitaríamos muchas frustraciones y enojos si pudiéramos aceptar este hecho y vivir de acuerdo con él.* En todo caso, sólo cambiando nosotros primero podríamos propiciar, aunque no obligar, el cambio en el otro.

AGOBIÁNDONOS MENOS POR LO QUE PASA EN EL MUNDO

Si ve un noticiero por televisión, escucha las noticias por la radio o lee el periódico por la mañana, se llenará de información lamentable e inquietante. Serán muy pocos los acontecimientos que le levanten el ánimo. Observar nuestro entorno puede desgastarnos y llevarnos a perder la esperanza.

Aceptar el mundo tal como es y luchar para modificar aquello que consideramos indebido, y que se encuentra a nuestro alcance, es un signo de sabiduría. Abrumarse, quedarse paralizado o enojarse con lo que ocurre a nuestro alrededor no lo es.

NO CREYENDO QUE SIEMPRE TENEMOS LA RAZÓN, NI INTENTANDO IMPONER NUESTRA OPINIÓN

La común necedad humana, aunada al aprecio especial que tenemos por nuestra forma de pensar, nos hace suponer que somos los únicos y privilegiados que (siempre) tenemos la razón.

Debido a ello, podemos tener muchos desacuerdos en el núcleo familiar al estar en constante lucha por imponer nuestro criterio.

Cuando eso ocurre, los cónyuges pelean entre sí para prevalecer como "vencedores". Los hijos, por su parte, se ven obligados a padecer las consecuencias ingratas de un tenso ambiente hostil con estas desgastantes características.

Esta forma de ser, que puede llegar incluso a convertirse en *impositiva y violenta*, es generadora de mucho enojo en los miembros de la familia, ya que todos ellos se perciben como poco importantes e incapaces de pensar de manera correcta por sí mismos. Se propicia además, en gran número de casos, que formen una baja autoestima, pues suponen, por lo que escuchan y ven, que no se merecen desarrollar un pensamiento propio e independiente.

Por otro lado, quien así se conduce, se enoja de manera constante cuando sus "aportaciones" son cuestionadas, discutidas y, muchas veces, no aceptadas por un núcleo familiar sano que no se doblega ante sus imposiciones. Aunque, claro, a estos esposos o esposas y a estos hijos, el cónyuge dominante y necio los calificará, por supuesto, como "cerrados y rebeldes".

Ahora que, *en ambientes muy autoritarios*, las órdenes son incuestionables y se tienen que acatar. En estos casos, *el enojo de los sometidos es mucho mayor*, aunque no se exprese franca y abiertamente por el miedo a ser reprimidos y lastimados.

SIENDO MENOS DEFENSIVOS, PARA PODER ESCUCHAR Y ATENDER LO QUE NOS DICE NUESTRA PAREJA (EN RELACIÓN CON LOS DEFECTOS QUE OBSERVA EN NOSOTROS)

Es muy común que nos enojemos cuando nuestro cónyuge o nuestros hijos nos señalan alguna falta que hemos cometido, o nos hacen ver cierto defecto que nos caracteriza. Nos defendemos —enojándonos— para no escuchar.

Éste es un mecanismo de defensa, que se manifiesta en forma de una inmediata irritación en contra de quien nos cuestiona, y como tal, es generalmente inconsciente (porque en nuestra mente nos decimos que nuestro disgusto es fruto de la insensatez de los demás). Lo utilizamos, sin pensarlo, como una respuesta aprendida para evitar ser confrontados (a nuestro ego no le gusta que se le llame a cuentas). Por este motivo, esa forma de reaccionar es la principal causa de que no nos permitamos crecer como personas. Al no aceptar nuestros errores, es evidente que jamás podremos esforzarnos para superarlos. Vaya, ni siquiera alguna vez haremos el intento.

En general, a todos nos cuesta mucho trabajo reconocer que tenemos un *área o parte oscura en nuestra personalidad* (la que se refiere a nuestras carencias y defectos, y que está siempre presente en los seres humanos). Parte que, sin embargo, es fundamental conocer y aceptar para que podamos entrar en contacto, de una manera más genuina, con la totalidad de nuestra esencia de individuos. No somos sólo "buenos", sino también algo "malos", y una cosa no nos quita la otra.

Mucho nos convendría entonces mostrar una amable sencillez para, primero, reconocer nuestras limitaciones y errores, después, atravesar por la etapa de malestar que nos va a representar el hecho de aceptarlos y, finalmente, comenzar a modificar, poco a poco, aquello que nos daña y afecta nuestras relaciones interpersonales. Así, y sólo así, podremos crecer como individuos y, además, estaremos en posibilidad de mejorar nuestra vida en familia.

En cambio, *si me enojo*, puedo rechazar todo lo que escucho y no prestar oídos a lo que me señalan los demás. Pongo en mi mente *una barrera impenetrable* que impide darme cuenta de lo que verdaderamente está ocurriendo. Además, quienes me rodean la perciben y saben que no podré rectificar, por lo que, seguramente, a su vez, se enojarán conmigo. Comenzarán a gritarme, y yo haré lo mismo, sin ningún efecto positivo para poder encontrar una solución (traigamos a la memoria esas lamentables escenas que todos hemos representado). Sólo entablaremos una inútil batalla campal más. Un nuevo pleito que no nos llevará a ninguna parte y que sí desgastará de manera importante nuestra relación.

Para reforzar estos argumentos en pro de una amplia y constante apertura personal, intente recordar alguna confrontación reciente que haya tenido con su cónyuge. ¿Cómo se sintió? ¿El enojo le dio la posibilidad de alcanzar algún logro? ¿Mejoró su forma de interactuar y de ser amoroso? ¿Verdad que no?

¿POR QUÉ NO ESCUCHAMOS LO QUE NOS DICEN?

Porque tenemos pavor de que se nos juzgue y condene. Creemos que estamos mal y los demás no, y no soportamos la idea de ser señalados y, quizás, hasta rechazados por nuestras conductas inadecuadas.

Aunado a lo anterior, sucede que esa información que nos dan —o que nosotros proporcionamos— no se ofrece en condiciones de un diálogo respetuoso, sino común y lamentablemente, cuando nos estamos peleando y las palabras salen cargadas de enojo y agresión. El enojo no nos permite *cuidar la forma* para dirigirnos a los demás. Si estuviéramos atentos al modo en que decimos las cosas, nuestras posibilidades de ser escuchados crecerían en forma muy importante. Y, claro, también, si a nosotros nos las dijeran de un modo firme, pero amable y cuidadoso, sin agredirnos, mostraríamos una mejor disposición para escucharlas. *Enojados no podemos comunicarnos.*

Lo sabemos y nos lo repetimos todo el tiempo: el pasado ya pasó, y no podemos hacer nada para modificarlo.

A pesar de la obviedad de esta afirmación, con suma frecuencia muchos de nosotros decidimos *mantener un enojo* completamente malsano con aspectos de nuestro pasado que nos siguen alterando el estado de ánimo.

Guardamos eventos desagradables que nos lastimaron de manera importante, y los conservamos —en un lugar privilegiado y de fácil acceso de nuestra mente— para poder recurrir a ellos a voluntad. Así, generamos la posibilidad de volvernos a *sentir víctimas* de ese trato que suponemos nos fue injustamente propinado por los demás (aunque tal vez sí lo fue) o por los simples aconteceres infortunados de la vida. De esta forma, podemos mantenernos enojados.

Analizando la cuestión a fondo, se podría afirmar que esos recuerdos los guardamos celosamente, y no deseamos desprendernos de ellos, pues pareciera que si lo hiciéramos tendríamos que aceptar que somos un ser humano más en este inmenso conglomerado de personas, y no ese ser único y especial que nos gusta pensar que somos. *Enturbiamos*, así, tonta y lastimosamente *nuestro presente,* y perdemos una gran cantidad de energía que bien podríamos utilizar en aspectos propositivos, en vez de retrospectivos.

No tomándose todo tan en serio

Hay muchas cosas trascendentes en la vida que requieren toda nuestra atención y cuidado. Con ellas tenemos que ser muy serios. El trabajo y las responsabilidades familiares y sociales requieren para su buen desempeño todo nuestro coraje, determinación y compromiso. Tampoco podemos burlarnos de nadie ni dejarlo aislado. Hemos de ser atentos y serios en muchos momentos.

Pero existen otras muchas circunstancias que *no son tan importantes* y que, sin embargo, pueden causarnos mucho enojo si no sabemos relajarnos para verlas con objetividad. Requerimos dimensionarlas correctamente y darles el lugar que les corresponde. Así, por ejemplo, una camisa que fue mal planchada, un suéter que está tirado en el piso, un mesero que no nos atiende diligentemente, son situaciones cotidianas que no tienen mayor repercusión en nuestra vida. No debemos desatenderlas, pero verlas como un gran problema sólo habla de nuestras neurosis y de la poca caridad que hemos desarrollado para con los demás.

Cuando la vida nos golpea...

Ninguno se escapa. Nadie. Todos tenemos muchos momentos en el transcurso de nuestra vida en que pasamos por situaciones difíciles y dolorosas. Algunas son menos intensas y pueden ser pasajeras; otras, en cambio, son devastadoras y buscan hacerse permanentes. Por eso hay que responderle a la vida de acuerdo con lo que nos pide. Es la única vía para poder sanar esas heridas. Del mismo modo en que, cuando atravesamos por una situación agradable, le mostramos a los demás nuestra alegría y expresión relajada y amable, así, cuando lo que nos ocurre es ingrato, debemos dar una respuesta acorde con ese dolor intruso.

Como dijimos en páginas anteriores, podemos evitar muchos malestares e incomodidades en la vida si sabemos madurar y crecer como personas, pero *siempre hay, ha habido y habrá otros dolores que no podremos eludir*. Vamos a requerir darle una salida adecuada a esos ingratos malestares.

El dolor emocional, tanto como respuesta instintiva acorde con nuestras pautas innatas y primitivas, como a las que hemos aprendido en el transcurso de nuestra existencia, nos lleva a percibirlo y manifestarlo, principalmente, en forma de tristeza y de enojo. Estas dos representaciones son el fundamento y la esencia del sentir doloroso. Por eso, cada vez que algo importante nos lastime, debemos revisar estas dos áreas y *permitirnos sentir*, para expresar, nuestra tristeza a través del llanto y el enojo en una forma adecuada que no lastime a nadie.

Iniciaremos por este último.

FORMAS DE EXPRESIÓN SALUDABLE

♣ a) Del enojo

Aunque pareciera obvio, lo primero es *reconocer que estamos enojados*, ya que puede ser muy común que no queramos aceptar que este sentimiento —que nos descontrola— nos está invadiendo y dominando. Es de lo más frecuente que *reprimamos el enojo*, provocándonos mucho daño, pues, aunque no lo notemos, gastamos grandes cantidades de energía emocional para poderlo tener bajo control: el enojo desea expresarse y nosotros lo contenemos. Incluso hay personas que se deprimen por gastar su impulso vital en reprimir enojos profundos —a nivel inconsciente— con algunos seres queridos y con la vida. No dejan mucho ímpetu para su andar cotidiano y se quedan sin fuerzas, sin intereses y sin esperanzas.

El enojo encubierto se puede apreciar, en ocasiones, en el tono de voz de la persona. Cuando alguien se dirige a nosotros con inflexiones hoscas o agresivas, nos está diciendo de esa manera que en su interior no halla un equilibrio emocional que le permita estar en armonía y en control de sí mismo. Es claro que algo le molesta, pero como no es capaz de expresarlo libre y abiertamente, se ve forzado a recurrir a una expresión de esta naturaleza para mostrar su disgusto. Habitualmente, los demás notan la irritabilidad con más claridad que uno mismo.

Las racionalizaciones del tipo "comparado con lo que le pasa a fulano, lo que me sucede a mí no tiene por qué hacerme sentir tan mal" son también muy utilizadas para *negar sentimientos desagradables*, que pueden, incluso ya para ese momento, estar transformados en un enojo no reconocido.

En todos estos casos es necesario contactar el enojo, reconocerlo. Sólo así lo podremos liberar.

LA APARENTE CONTRADICCIÓN DEL ENOJO

Hemos dicho que conviene *no convertir* esos sentimientos dolorosos, que se nos presentan a todos en nuestro andar cotidiano, en un enojo que nos violente. Que lo ideal sería saber identificar el sentimiento desagradable que nos ha invadido y poder hablar de él, para poder expulsarlo de nosotros. Y es cierto. Es lo más sano y adecuado. *No nos conviene enojarnos.*

Pero, como también decíamos, dada nuestra muy débil y constantemente falible condición humana, habrá muchas ocasiones en que *sí nos enojemos y quizá no nos demos cuenta* de ello. Por eso vamos a requerir *contactar el enojo*, es decir, *tomar conciencia* de él, *buscar despertarlo*, ya que seguramente *lo tenemos reprimido*, y eso nos hace mucho daño, por el hecho de estar dando cabida en nuestro interior a una energía hostil que tarde o temprano terminará por afectarnos.

Es fundamental aclarar que, por supuesto, no es que se desee que alguien se enoje, lo cual sería un absurdo, sino que pueda apreciar esa devastadora fuerza negativa que ya lo corroe y lastima internamente. Es la única manera de poder desprenderse de ella. No es posible eliminar (o "sacar") de nosotros algo si negamos su existencia.

Esto significa que, por los motivos que se quieran invocar —como pueden ser las buenas pautas del comportamiento social, o la imagen que hemos creado de nosotros mismos, o cualesquiera otros—, *cuando no permitimos que aflore* libremente el enojo que ya generamos, y que ocultamos por esa carencia de una adecuada percepción y expresión de nuestro sentir, es indispensable que hagamos el esfuerzo por *percibirlo*, para así evitar continuar cargándolo, haciéndonos daño y lastimando a los que nos rodean. No es pretender que alguien reviva una experiencia desagradable porque sí, o para afectarse a sí mismo, sino que pueda voltear la vista a su interior para *observar primero*, y *eliminar después*, ese malestar que le está aquejando sin que conozca su origen. Y hacerlo, por supuesto, *en una forma en la que nadie salga lastimado*. Un poco más adelante veremos que la "Técnica del cojín" es una manera de llevarlo a cabo adecuadamente.

Una vez que hemos reconocido que estamos enojados con la vida, con Dios o con alguien en particular, toca ahora tratar de *percibir la magnitud* de nuestro enojo. Es importante darnos cuenta de qué tan enojados estamos. Pues, de igual manera, podría darse el caso de que sí aceptemos que estamos enojados, pero que *minimicemos su impacto*. Es decir, reconocemos una parte del dolor y del enojo, pero otra la reprimimos y, por lo mismo, no vemos íntegramente cómo nos está afectando.

Concluida la labor de aceptación y dimensionamiento del enojo, es muy importante *recordar siempre, en todos los casos, que no debemos maltratar a nadie* con ese sentir agresivo —con el cual hemos hecho contacto—, ya que éste buscará ahora una salida o expresión consciente.

Para lograr sanar esas lesiones, aún vivas por la falta de una atención oportuna y eficaz, será necesario darnos el tiempo de aprender y utilizar las técnicas apropiadas que nos permitan *liberarnos* de sus energías destructivas, como la que se propone a continuación:

✤ *Técnica del cojín*

Mucha gente no puede llevar a la práctica esta técnica porque la considera demasiado violenta y ofensiva, o bien, inoperante. Sin embargo, es importante recalcar que sólo expresando el enojo es como nos podemos liberar de él. Uno decide si lo hace de manera ficticia, sin lastimar a nadie, o lo vive de manera real con los demás, lastimándose personalmente y afectando a todos los que le rodean.

El procedimiento consiste en, una vez que sabemos lo enojado que estamos, *golpear un cojín* o cualquier otro objeto blando (para no lastimarnos la mano) utilizando para ello toda esa energía dolorosamente contenida. Es importante, además, que al hacerlo *imaginemos* en el objeto que se golpea *el rostro de la persona* que nos hizo sentirnos mal, no importa de quién se trate: cónyuge, hijos, padres, hermanos, amigos. Como decíamos, genera menos dificultades llevarlo a cabo en esta forma, ya que no mostraremos, ante el otro, actitudes y conductas agresivas y desafiantes. Se requiere *utilizar toda la fuerza,* para realmente poder descargar el enojo.

Conviene también que, de forma simultánea, utilicemos un duro *lenguaje altisonante* y sonoro que exprese nuestro malestar en toda su intensidad. Con ello lograremos efectuar una especie de catarsis emocional que nos equilibre y nos devuelva el control de nosotros mismos. Si se realiza bien esta actividad no puede durar más que unos cuantos segundos.

Si por el momento que vivimos, o el lugar en el que nos encontramos, no se puede realizar esta tarea con toda su expresión liberadora, es posible hacerla en completo silencio (quizás en el baño), simulando los movimientos corporales que debieran corresponder a esa expresión fuerte y violenta. Por ejemplo: moviendo los brazos con esa intencionalidad y golpeando el aire, y expresando el malestar sin palabras, pero haciendo los movimientos de la boca que podrían producir esos sonidos altisonantes. Posteriormente, a su debido tiempo y lugar —si la situación lo amerita—, convendría repetir la operación en la primera forma señalada.

Si el malestar continúa, por tratarse de una ofensa añeja o de grandes dimensiones, se deberá repetir el ejercicio cuantas veces sea necesario (en diferentes días a través de las semanas).

Quien no desee eliminar su enojo contenido de esta manera, puede recurrir a hacerlo mediante una hoja de papel. En ella *se escribirá con rabia* a la persona que nos lastimó (o que creemos que lo hizo). Es importante que, a través de la mano, pueda expresarse todo el coraje que nos agobia y domina. El lenguaje escrito que utilicemos deberá ser tan agresivo y violento como nuestro enojo. La fuerza con que lo hagamos seguramente hará que el papel se rompa al cabo de breves segundos. Es fundamental que nadie vea lo que se escribió. Al terminar esta actividad hemos de destruir de inmediato la hoja, y nos desharemos de ella para que nadie se entere de lo que ahí fue escrito.

Una vez que estamos "humanamente limpios" (no se puede lograr en su totalidad) de estos enojos y rencores, podríamos, ahora sí, si lo deseamos, *perdonar*. Hacerlo a fondo. Éste es siempre un acto de la voluntad. Requiere humildad y sencillez. Descarga a quien así procede de ese pasado enfermo y autoagresivo. Es bueno y sano hacerlo de corazón. *Es una auténtica liberación.* De todos. Cada quien decide si lo hace o no.

Recuerde que el enojo no desaparecerá simplemente por desearlo; se requiere hacer la tarea para poder expulsarlo de raíz.

❧ B) De la tristeza

De manera similar a lo que ocurre con el enojo, es probable que nos cueste trabajo *aceptar nuestra tristeza.* Para la sociedad en general, sigue siendo un signo de debilidad el hecho de reconocer ante los demás (o ante nosotros mismos) que podamos albergar algún tipo de dolor interior, producto de "no saber resistir los avatares de la vida". En realidad, sabemos que es al revés, pues se necesita fuerza para poder percatarse de los estragos que las situaciones difíciles nos provocan (ya que requiere una introspección hacia lo que nos disgusta) y, además, seguridad personal, pues va en contra de las pautas de comportamiento establecidas.

Sólo el que *es verdaderamente fuerte sabe aceptarse a sí mismo* —tanto en sus áreas y momentos favorables como en los que no lo son— y mostrarse auténtico a la vista de todos.

Lo que sí es un *signo de falta de entereza es dejarnos abatir* por este sentimiento de tristeza, es decir, quedarnos atrapados y postrados, sintiéndonos víctimas de la vida y no haciendo algo para poder erradicarlo. Estar triste no debe ser causa de tristeza adicional. Lo triste es abandonarnos a la tristeza y querer permanecer en ella.

Pero, nos guste o no, lo reconozcamos o no, le plazca a la sociedad o no, *la tristeza es parte de la vida humana* y es saludable darnos cuenta de ella, apreciar su magnitud y expresarla debidamente, si queremos estar en posibilidades de eliminarla y recuperar nuestro equilibrio emocional.

Ahora bien, es sumamente importante que *no confundamos* la tristeza, producto del disgusto y dolor que nos provocó un determinado acontecimiento desagradable, con una agresiva y compleja enfermedad del estado de ánimo, que cada vez lastima a un mayor número de personas, llamada *depresión*.

Esta última es una patología que puede tener diferentes causas y que debe ser tratada por un profesional de la salud. En el lenguaje coloquial se utiliza este vocablo con ligereza y de forma indebida. Se usa comúnmente y de manera errónea para describir los momentos de tristeza. Así, por ejemplo, hay quien dice: estuve deprimido el fin de semana porque no logré que aceptaran mi proyecto. En realidad, lo que quiere decir es que estuvo triste por ese hecho. La depresión es otra cosa. Es algo que va a permanecer en el tiempo, si no se le da el tratamiento debido. Es, entre otras cosas, una desesperanzadora y muy peligrosa pérdida de energía. Requiere, como decíamos antes, una atención especializada, competente y oportuna para que pueda ser superada.

La tristeza es diferente. Es consecuencia de atravesar por aquellas frustraciones y situaciones dolorosas que nos lastimaron. Con el apoyo y la comprensión de los demás, debiéramos salir de ella por nosotros mismos. Es pasajera, si sabemos verla como parte irremediable de la vida humana y nos permitimos reconocerla y expresarla para poder sacarla de nosotros. Si bien, es evidente que, dependiendo de su intensidad, el tiempo que se requiere para superarla es muy variable. El recurso fundamental para hacerlo, todos lo sabemos, son las lágrimas. Claro que hay quien, por una constante represión de su emotividad, dice no poder llorar. Bien, entonces, si es incapaz de hacerlo por fuera y mostrarlo, que lo haga por dentro y lo oculte, pero que lo haga. Recordemos que se nace llorando y que ése es el primer signo que perciben los demás para identificarnos con la vida. Derramar lágrimas es una forma de expresión y comunicación que no nos abandonará nunca, pues la vida es alegría y gozo, pero también dolor y tristeza.

Claro, es muy importante también que tomemos nota y sepamos diferenciar el llanto que desahoga, genuino, procedente del dolor, de aquel otro que artificialmente se fabrica por alguien que desea manipular y seducir y que, siendo falso y mentiroso, sólo busca sacar ventaja con su engaño.

Tengamos presente que *las lágrimas vertidas son el signo* de que el dolor, que habita en nuestro interior, empieza a salir de nosotros. Por eso cuando nos abandonamos al llanto obtenemos como recompensa una sana sensación de desahogo. Sin embargo, tomemos en cuenta que la sociedad tiende a reprimirlo, quizá porque se asusta, y no le gusta reconocer que el dolor y su expresión existen. Por eso cuando alguien empieza a llorar enfrente de otras personas lo usual es que se le inhiba con frases del tipo: "no llores, ya pasará el dolor, ven, mira, salgamos a dar una vuelta". Este tipo de reacciones sólo provocan que la persona adolorida siga así, pues no pudo dar rienda suelta a su emotividad, la que estando contenida le seguirá afectando.

Ahora bien, sólo hay que tener *un cuidado especial*. No debemos dejar que el llorar se prolongue más allá de unos cuantos segundos o, a lo más, unos pocos minutos. Dado que, si bien es cierto que debemos expresarlo y no es conveniente refrenarlo, tampoco debemos alimentarlo, provocándonos con ello sentimientos de autoconmiseración. Es peligroso hacer esto porque podríamos caer en una suerte de conducta destructiva que puede no tener un fin apacible ni deseable. Por ello estemos muy atentos y seamos honestos con nosotros mismos. No dejemos que la emotividad nos gane la partida.

Sentir es esencia del vivir humano. Dejarse manejar por él es perder libertad y convertirnos en simples marionetas del destino y de las circunstancias.

Un enemigo temible, que buscará sin descanso que no hagamos estas tareas de liberación, es nuestro siempre agazapado orgullo.

EXPRESIÓN ADECUADA
DE LOS SENTIMIENTOS DESAGRADABLES

♣ *Nunca debemos almacenar dentro de nosotros aquello que nos hace daño y nos lastima*

A nadie se le ocurriría comer un alimento contaminado, y rumiarlo, una y otra vez, para que vaya provocando malestares en aumento. Sería mejor devolverlo y expulsarlo cuanto antes y, así, librarnos de su nefasta influencia. ¿Estará usted de acuerdo?

¿Qué caso tiene entonces guardar con celo e invocar lo que nos hace daño?

Ninguno. Sin embargo, *nuestra disfrazada pero siempre presente soberbia, nuestro carácter obsesivo y la falta de reflexión* sobre lo que realmente nos ocurre, *nos dificultan expulsar esos pensamientos pesarosos* que dan la impresión que arrastramos todo el tiempo con el único y perverso fin de fustigarnos. Pareciera que las preguntas: ¿por qué *a mí?*, ¿*por qué me pasa esto a mí?*, ¿cómo se atrevió a hacerme eso *a mí?*, y otras similares, no desean abandonarnos. Y por ello nuestra mente, recurrente y lastimada, da vueltas y vueltas, incansable, censurando con enojo tanto esas acciones de los demás que percibimos en contra nuestra, como todos esos desgraciados eventos que "la vida, osada e imprudente, nos presentó para afectarnos". De nada nos sirve lamentarnos.

Por intenso y justificado que sea nuestro dolor, hay que buscar la manera de *erradicar esas imágenes obsesivas*. Es un proceso muy difícil, pero no existe otra alternativa si queremos llevar una vida sana, o recuperarla si la teníamos con anterioridad. Se requiere recorrer ese camino. Poco a poco. Avanzar y, aunque haya retrocesos, continuar con esa ingratísima tarea. De no hacerlo de esta manera, nuestro bienestar emocional y físico se verá cierta y necesariamente muy afectado. *Guardar los sentimientos dolorosos es el peor de los recursos*, si queremos conservar nuestra buena salud y la de nuestras relaciones significativas. No importa si el dolor que padecemos nos fue infligido de la manera más injusta posible. De todos modos requerimos sacarlo de nuestro interior.

Ahora bien, no todos los eventos que nos duelen y lastiman nos generan el mismo tipo de malestar. Poseen una forma específica de afectarnos y lastimarnos. El dolor produce efectos singulares dependiendo de su origen. La víctima de un secuestro o de una violación siente un desgarre emocional brutal que, sin embargo, es diferente al que afecta a alguien que ha perdido a un familiar, y distinto también si la pérdida es de un hijo que se queda sin su padre, o de un padre que pierde a su hijo. La descripción de la especificidad del dolor (véase la lista de sentimientos desagradables) nos puede ayudar a identificarlo, expresarlo y verbalizarlo. Con esto, las posibilidades de recuperación serán mucho mejores que si simplemente nos conformamos con decirles a los demás y a nosotros mismos que "nos sentimos mal".

Recordemos, también, que un sentimiento doloroso no expresado oportuna y debidamente es muy probable que se pudra en nuestro interior y lo convirtamos en un devastador *resentimiento*, que nos causará múltiples perjuicios. Además, puede durar toda la vida, con los muy lamentables daños para el que lo gestó y le da infeliz cobijo.

Por eso, como hemos repetido, lo ideal sería darnos cuenta de *cómo nos sentimos y comunicarnos* desde ahí; por ejemplo, me siento abrumado, triste, desamparado, no tomado en cuenta, afligido… No nos enojaríamos (tanto) y no tendríamos cuentas pendientes con los demás.

PARA EVITAR ALGUNOS PLEITOS

Todos sabemos que cuando estamos enojados se nos activa interiormente un dispositivo que toma el control de nuestra emotividad. Ya no vemos los sucesos de la misma manera. Se altera nuestra percepción. Cambiamos de manera radical. Nos volvemos hostiles y agresivos.

Si, en esas condiciones de descontrol, queremos resolver nuestras diferencias con nuestra pareja o nuestros hijos, las consecuencias serán terribles (todos lo sabemos). Acabaremos peleados.

Por eso, lo más indicado es *erradicar el enojo* primero, como se indicó en la sección correspondiente, y, después, *aclarar*, en una forma adecuada, la situación que nos alteró.

Para poder hacerlo de la mejor manera, es fundamental aprender el uso del *yo* en sustitución del *tú*, que tenemos tan arraigado en nuestros patrones de relación. Generalmente acusamos al otro de lo ocurrido y por eso esgrimimos (como si fuera una espada) el uso del pronombre tú: *Tú* me dejaste solo(a), no me escuchas (el tú está implícito en la frase), no hiciste lo que te pedí, etcétera.

Lo interesante es que, aunque realmente tuviéramos toda la razón en lo que estamos señalando, y ya hubiéramos descargado todo nuestro enojo, si lo decimos de esa manera, el receptor de nuestro reclamo se sentirá atacado y, cuando menos, *se defenderá y se sentirá ofendido*, si bien es muy probable que contraataque y empiece la interminable y *siempre desgastante e inútil discusión*, que puede terminar en un mortificante pleito más.

Por ello es conveniente revisar la lista de sentimientos desagradables y utilizar la forma del *yo me sentí...*

Por ejemplo: *yo* me sentí solo, no me sentí tomado en cuenta, estoy decepcionado, me siento frustrado, etcétera.

Si aprendemos y desarrollamos estas técnicas, nuestras posibilidades de resolución adecuada de las diferencias y problemas con nuestro cónyuge e hijos serán mucho mayores, aunque bien entendido nunca es posible garantizar el éxito, dado que está también involucrada, al menos, otra persona, y ella decide por sí misma.

Hay que enfatizar la enorme importancia de aprender a decir las cosas de formas que puedan realmente ser productivas.

Sobra decir que este lenguaje sólo debe utilizarse en el ámbito familiar o personal muy íntimo. En otros ambientes es improcedente.

CONCLUSIONES

En general, nuestras percepciones de la realidad, y de lo que nos decimos constantemente a nosotros mismos a través de nuestro pensamiento, nos están generando —de manera continua— *dos tipos de sentimientos* (aunque, claro, llenos de grados y matices): los *gratos* y los *ingratos*.

1) Cuando son *sentimientos agradables* nos reconfortan y nos generan bienestar.

Si no son bien expresados, no nos hacen daño, pues están hechos de materia amable. Guardarlos no nos perjudica.

2) En cambio, *los que son desagradables*, que van desde incómodos hasta muy dolorosos, nos corroen y nos destruyen, si es que les permitimos habitar en nuestro interior. Su esencia es demoledora.

Además, recordemos que, de manera casi inconsciente y con suma frecuencia, *los transformamos de inmediato en enojo*, y es así como buscan salida, lesionando usualmente nuestras relaciones interpersonales.

Por otro lado, un *sentimiento desagradable* provocado (o, al menos, que nosotros pensemos que así fue) por algún ser significativo para nosotros, y que *lo reprimimos* en su expresión, se pudre con facilidad, y *lo vamos convirtiendo en resentimiento*. Esto nos genera un distanciamiento afectivo con esa persona y permanecerá en el tiempo (no importa cuánto) mientras no hagamos el cierre adecuado de ese malestar.

Para poder hacerlo hará falta, primero, el reconocimiento de nuestra molestia (porque muchas veces la encubrimos y no la reconocemos) y, después, buscar expulsar de nosotros esa energía negativa mediante las técnicas ya mencionadas con anterioridad.

De no hacerlo así, la relación se verá dañada de manera permanente y producirá, en quien alimenta el resentimiento, un disgusto constante que puede incluso ocasionarle problemas emocionales (irritabilidad, depresiones) y físicos (alteraciones en el funcionamiento normal y sano del organismo).

Esto hace *necesario* llevar a la práctica las formas mostradas de darle una *salida adecuada* a nuestro malestar, para no afectarnos a nosotros mismos, ni tampoco lastimar a nadie. Si realmente nos interesa el bienestar propio y el de nuestros seres queridos, *tomemos la decisión hoy* de dedicarle tiempo y comprometernos con esta labor esencial para la salud personal y la convivencia humana.

En síntesis...

Es muy importante recordar que:

1. *Siempre habrá conflictos, problemas y dificultades* en el ámbito familiar. Todas las parejas y familias los tienen. Algunas saben enfrentarlos y resolver la mayor parte de ellos. Otras no.
2. *No es posible que todo se resuelva.* Habrá que aceptar que tendremos frustraciones permanentes. La vida así es, pero eso no quiere decir que no podamos tener una buena relación con nuestra pareja y con nuestros hijos.
3. Es nuestra opción decidir *si queremos o no atender* y buscar resolver nuestros problemas familiares. Cuando no sepamos cómo hacerlo, tenemos que reconocer ese hecho, para poder encontrar la manera de darles una solución satisfactoria.
4. Todo va cambiando en nuestra vida y presentándonos nuevos retos y problemas: el entorno, la familia, el trabajo, nuestro cuerpo. Por eso, *aprender* lo necesario para *enfrentarlos y superarlos* de manera adecuada se convierte en un requerimiento esencial del vivir cotidiano. La existencia nos pone acertijos de todo tipo que debemos resolver, sin contar muchas veces con los suficientes elementos para poder hacerlo.
5. El conflicto en las relaciones interpersonales tiene un *sentido de aprendizaje.* Sólo a partir de él es que podemos mejorar como personas, siempre y cuando sepamos enfrentarlo y resolverlo de manera adecuada. Si genuinamente somos capaces de escuchar el punto de vista del otro para incorporarlo a nuestra visión de la realidad, podremos crecer como personas.

6. En las parejas o familias en las cuales se *evaden o no se resuelven* de manera adecuada los conflictos, sus miembros, lejos de desarrollarse, *llevan al extremo sus defectos* y no superan sus carencias.

7. Algunas de las mayores dificultades para poder salir adelante son, por un lado, *la fantasía de creer que sólo nosotros tenemos la razón* y, por otro, la falta de actividad, es decir, *la paralización* (los afectados se quedan pasmados) que supone, infructuosamente, que las cosas se resolverán por sí solas. Esos caminos conducen al fracaso. Se requiere *trabajar las relaciones*, es decir, aceptar que existen diversos problemas conyugales y familiares que necesitan tiempo y atención para resolverse.

8. Sin embargo, *el peor y más fuerte enemigo* que se tiene para resolver las dificultades interpersonales *es el orgullo*. Muchas relaciones en la familia se rompen o se deterioran porque la soberbia no les permite a los cónyuges o a los hijos ser capaces de reconocer sus defectos y limitaciones. Por este motivo, frecuentemente están dispuestos a pagar el más alto precio (el del distanciamiento afectivo, o incluso el de la ruptura de la relación) antes de reconocer que se puede estar equivocado, o bien, que *es conveniente y sano perdonar* una supuesta o real afrenta.

9. Es común que *el orgullo se disfrace de dignidad*, por lo que hay que estar muy atentos para identificarlo. Llega a suceder que la persona no actúe para resolver determinada situación, esperando que el otro lo haga primero, pues piensa que si da el primer paso es una forma de reconocer su responsabilidad y su culpa, y que se pueda abusar de ella en el futuro.

10. La vida emocional *será más generosa y grata* para el que se prepare y sepa comprometerse consigo mismo y con todas sus relaciones amorosas.

RECUERDA

a) *Los conflictos siempre estarán presentes, porque todos somos diferentes.* Es el factor que le da energía y sentido a las relaciones con la pareja y con los hijos. *Energía,* porque obliga al cuestionamiento, y *sentido,* porque a partir de él surge el crecimiento personal. Únicamente se puede aprender del que es distinto a nosotros. ¿Qué podríamos aprender de alguien que fuera igual que uno?

b) *Las frustraciones* de la vida producen dolor que se manifiesta en forma de *enojo* y de *tristeza.* Requerimos tomar conciencia de ello y aprender a expresarlos de manera adecuada: *sin lastimar a nadie.*

c) El único camino para *comprender y ser comprendidos es a partir de la emotividad compartida.* Es decir, conocer y reconocer los sentimientos propios y del otro. Tener la razón o no, no es lo importante en las relaciones interpersonales.

ACTITUDES RECURRENTES
QUE PREDOMINAN EN LOS

MALACARA	BUENROSTRO
Orgullosos	Sencillos
Cerrados	Abiertos
Rígidos	Flexibles
Vengativos	Perdonan
Complicados	No se complican
Apegados a su pasado	Leales a sí mismos
(familias de origen)	y a su pareja
Intolerantes	Tolerantes
Egoístas	Generosos
Luchan por el poder	Comparten el poder
No escuchan	Saben escuchar

Todos presentamos actitudes de los dos tipo (pero, claro, no todos con la misma frecuencia ni con la misma intensidad).

Analiza cada una de las dos listas anteriores y pregúntate:

En estos últimos 15 días, ¿cuándo asumiste alguna de ellas?

Recuerda el incidente en detalle y observa la forma en que te comportaste, como si tú fueras un espectador de la escena.

¿Qué pasó después? ¿Observas con claridad las diferencias en tu bienestar personal, y en el de tu pareja y tu familia, si tomas una actitud destructiva o una constructiva?

¿De qué dependió el hecho de que asumieras una actitud del tipo Malacara o Buenrostro?

¿Te das cuenta de que está en tus manos decidir los resultados, de que tú tienes el poder de resolver o no tus problemas de pareja y familiares?

¿Por qué será que, sabiéndolo, tomamos muchas veces decisiones equivocadas que van en contra nuestra?

La importancia del actuar

Reiterándolo, una y otra vez, no podemos olvidar que hay muchos aspectos que son fundamentales para mejorar nuestras relaciones con nuestra pareja e hijos:

1. *Aprender* y apropiarse de nueva información.
2. *Caer en la cuenta* de errores que hemos cometido.
3. Mostrar una *buena disposición* para ir mejorando nuestra vida conyugal y familiar.
4. Estar *abiertos* al cambio.
5. Mantenernos en una *constante reflexión* que nos permita revisar tanto nuestra dinámica familiar como también a nosotros mismos.
6. *Comunicarnos* abierta y claramente, expresando nuestro sentir profundo.
7. Aceptar que tenemos que realizar un *trabajo duro y constante*, si queremos resolver a fondo nuestros conflictos.

Entre otras varias posturas y estrategias positivas que sería deseable asumir.

Sin embargo, es claro que lo único que nos dará resultados son las *acciones* que efectuemos para lograr mejorar la calidad de nuestras relaciones interpersonales (aunque muchas veces olvidemos algo tan elemental y tan simple como esto).

Así, por ejemplo, podemos planear construir una casa. Nos damos el tiempo de informamos y hacemos un gran proyecto. Conseguimos los recursos financieros. Buscamos los mejores materiales. Cuidamos hasta el último detalle. Todo eso nos será muy útil para poder contar con un agradable lugar donde vivir, siempre y cuando *actuemos* y construyamos la casa.

Requeriremos hacer una *sólida y fuerte cimentación,* y después levantar los muros, *tabique a tabique,* para que realmente podamos lograr algo.

Todo lo demás pueden ser ensoñaciones de un *prometedor futuro que nunca llegará… si no hacemos nuestra tarea.*

EPÍLOGO

Mariano Barragán

Al leer el libro de Carlos Arriaga resulta inevitable transportarse a la relación de pareja que vivimos cada uno de nosotros, y no deja de ser sorprendente que nos identificamos, en mayor o menor medida, tanto con los Malacara como con los Buenrostro. Tal pareciera que los dos apellidos son sin duda nuestro nombre completo y, de este modo, yo resulto ser *Mariano Buenrostro Malacara;* habrá que decirlo: es prácticamente imposible que alguien portara uno solo de esos apellidos.

Esa es la primera gran verdad contenida en el libro: somos seres buenos y malos, sinceros y farsantes, fuertes y débiles, así como extremadamente egoístas y altruistas simultáneamente.

Además creo que cuando nuestro apellido Malacara predomina, hacemos hasta lo imposible por descuidar nuestra relación conyugal hasta que con algún susto de la vida regresamos a cultivarla y aparece el Buenrostro de cada uno de nosotros. Por ello, cuando estamos dispuestos a cambiar en lo personal y no a intentar que el otro sea el que cambie, resulta recomendable la lectura de este libro. Si el libro de Carlos cae en nuestras manos en el momento en que estamos en nuestra etapa Malacara, seguramente lo que haremos es el gran descubrimiento de que la causante de nuestras desgracias es nuestra pareja y haremos todo lo posible por hacérselo notar —incluyendo obsequiarle un ejemplar con una dedicatoria sarcástica o venenosa como "A ver si te ves en los procedimientos Malacara" o "Los Malacara me recuerdan a tus papás, por lo que no me extraña tu conducta".

Por otro lado, si tenemos la suerte de leer estas magníficas descripciones cuando estamos conduciéndonos o al menos intentando hacerlo de manera constructiva, entonces atenderemos unas lecciones profundas y prácticas, para cambiar nuestro proceder y evocar un cambio en nuestra pareja.

Resulta obvio predecir que la lectura de este libro ayudará a muchas parejas mientras que a otras les dará el tiro de gracia, dependiendo de nuestra actitud al leerlo y principalmente de nuestra actitud hacia el otro y hacia nuestra relación.

Sí estoy convencido de que mucho de nuestro aprendizaje y evolución se origina en el cometer errores y sacar provecho de ellos, de modo que yo no necesariamente creo que el comportamiento de Malacara resulte estéril, ya que estoy seguro de que siempre hay un poco de sabiduría heredada, aunque sea de nuestros errores. Quizá el mejor ejemplo de ello lo encontramos en los miembros de AA, quienes se convierten en unos modelos de ciudadanos por su capacidad de autocrítica y sinceridad para remendar sus errores.

No hay de otra: tenemos que vivir nuestras vidas como si fueran unas telas hechas de hilos Buenrostro y Malacara, cuyo tejido lo que hace es mostrar nuestra verdadera esencia. Hace poco menos de un siglo el insigne pionero del alma humana, Carl G. Jung, dijo que "Dios no nos quiere buenos, nos quiere completos". Yo me adhiero con entusiasmo a esta observación y, si bien suscribo los procedimientos Buenrostro, aplaudo también a los Malacara que con su camino de destrucción van edificando poco a poco un hilo de luz que nos regresa al origen, esto es, a la gran luz del amor.

Los Buenrostro y los Malacara, de Carlos Arriaga,
se terminó de imprimir en junio de 2010 en
los talleres de Litográfica Ingramex, S.A. de C.V.
Centeno 162-1, Col. Granjas Esmeralda
C.P. 09810, México, D.F.